Heft 1

Entscheidungen des
Obersten Gerichtshofes für die Britische Zone
Herausgegeben von den
Mitgliedern des Gerichtshofes und der Staatsanwaltschaft

Entscheidungen des
Obersten Gerichtshofes
für die Britische Zone
in
Zivilsachen

2. Band

Berlin und Hamburg
1949

Walter de Gruyter & Co.
vorm. G. J. Göschensche Verlagshandlung - J. Guttentag - Verlagsbuchhandlung - Georg Reimer - Karl J. Trübner - Veit & Comp.

Inhalt

1. 1. Zur Frage der völkerrechtlichen Stellung des General-Gouvernements Polen während des Krieges — Subjugation oder Okkupation. Eine von der Okkupationsmacht geschaffene Körperschaft des öffentlichen Rechts im okkupierten Lande ist kraft der treuhänderischen Stellung der Okkupationsmacht eine Einrichtung des okkupierten, nicht des okkupierenden Landes.

2. Treuhänder nach SMA-Befehl Nr. 124 und Custodian nach MilReg.-Gesetz Nr. 52 sind Parteien kraft Amtes, nicht gesetzliche Vertreter der Vermögensträger.

3. Eine von einem ostzonalen Treuhänder eingelegte Revision ist als unzulässig zu verwerfen, wenn sie von einem erst nach Revisions-Einlegung bestellten westzonalen Custodian begründet wird. In solchen Fällen handelt es sich nicht um einen Personenwechsel im Treuhänder-Amt, sondern um den unzulässigen Versuch der Aneignung einer fremden Prozeßführung durch den westzonalen Treuhänder.

4. Ein solches Verfahren kann auch nicht durch nachträgliche „Genehmigung" von seiten des „Vertretenen" geheilt werden.

Haager Landkriegsordnung; SMA-Befehl Nr. 124; Mil.-Reg.-Gesetz Nr. 52 Art. I—IV; Proklamation des Kontrollrats Nr. 2 vom 20. September 1945; ZPO. §§ 554, 554a, 239, 241, 89, 551, 579.

I. Zivilsenat. Urt. v. 10. Februar 1949 i. S. Dr. L. (Kl.) w. Fa. P. & P. (Bekl.). I ZS 84/48.

I. Landgericht Hamburg.
II. Oberlandesgericht Hamburg.

Auf Grund der Verordnung des Generalgouvernements Polen (GGP) vom 23. 11. 1939 über die Ernährungs- und Landwirtschaft im GGP (VOBl. GGP. 1939 S. 63) ist durch die 3. DurchführungsVO. hierzu vom 20. 1. 1940 (VOBl.

GGP. 1940 Teil II S. 21 ff.) die „landwirtschaftliche Zentralstelle" (LZ) errichtet worden. Sie war eine juristische Person des öffentlichen Rechts und hatte ihren Sitz in Krakau. Ihre Aufgabe bestand darin, nach Weisung des Leiters der Abteilung Ernährung und Landwirtschaft im Amt des Generalgouverneurs bei der Überwachung und Steuerung des Verkehrs mit Erzeugnissen der Ernährungs- und Landwirtschaft mitzuwirken.

Im Jahre 1944 lieferte die LZ der Beklagten einen Posten Trockenpilze. Aus dieser Lieferung besteht noch eine Restforderung von 29 470 Zl. = 14 735 RM. Die Landwirtschaftliche Zentralstelle in Liquidation nimmt diese Forderung als angebliche Rechtsnachfolgerin der Landwirtschaftlichen Zentralstelle in Krakau für sich mit einem Restbetrag von 14 487,16 RM in Anspruch und führt zur Begründung aus:

Ihre Rechtsvorgängerin, die LZ in Krakau, habe Anfang 1945 mit Rücksicht auf die Kriegslage ihren Sitz nach Halle verlegt. Dort sei sie in Liquidation getreten und gemäß Befehl Nr. 124 der Sowjetischen Militäradministration (SMA) vom 30. 10. 1945 unter Sequestration gestellt worden. Durch das zuständige Finanzamt H., Treuhänderamt, sei ihr für sich und 5 angegliederte Tochtergesellschaften mit beschränkter Haftung der Wirtschaftsprüfer Dr. L. in H. als Sondertreuhänder und gesetzlicher Vertreter bestellt worden.

Die Klägerin hat beantragt, die Beklagte zur Zahlung zu verurteilen.

Die Beklagte hat bestritten, daß die jetzige Klägerin mit der Verkäuferin der Pilzsendung identisch sei. Im einzelnen hat sie ausgeführt: Das GGP sei mit sämtlichen ihm unterstellten öffentlichrechtlichen Unternehmungen ohne Liquidation, einfach durch die Kriegsereignisse, aufgelöst. Jedenfalls fehle es an einer ordnungsmäßigen Sitzverlegung nach H., wohin sich unter der Einwirkung der Kriegsereignisse lediglich einige Angestellte des ehemaligen Unternehmens geflüchtet hätten. Sitz der LZ sei daher nach wie vor Krakau. Infolgedessen habe der Präsident der Provinz Sachsen-Anhalt von der SMA nicht die Befugnis erhalten und auch nicht erhalten können, einen solchen in Krakau belegenen Betrieb durch das Treuhänderamt in H. beschlagnahmen zu lassen, ganz abgesehen davon, daß nicht feststehe, ob die Klägerin — auch abgesehen von diesem Bedenken — überhaupt zu den beschlagnahmefähigen Betrieben gemäß SMA. - Befehl Nr. 124 gehöre.

Das Landgericht hat die Beklagte nach dem Klageantrag verurteilt. Auf die Berufung der Beklagten hat das Oberlandesgericht die Klage abgewiesen, weil die unter ostzonaler Treuhänderschaft stehende Klägerin infolge der auf die Gebietsgrenzen beschränkten Wirkung der Beschlagnahme zur Geltendmachung einer in der Britischen Zone belegenen Forderung nicht sachbefugt sei. Hiergegen hat die „Landwirtschaftliche Zentralstelle in Liquidation, vertreten durch den Treuhänder, Wirtschaftsprüfer Dr. L. in H." Revision eingelegt. Unter Ziffer I der Revisionsbegründung vom 7. 9. 1948 hat sie unter Vorlage der Bestallungsurkunde vom 1. 7. 1948 vorgetragen, daß der Klägerin durch Verfügung des Landesamts für Vermögenskontrolle in Hamburg vom 1. 7. 1948 O. K. in Hamburg zum Treuhänder bestellt sei, und gebeten, das Rubrum dahin zu berichtigen, daß die Klägerin durch K. gesetzlich vertreten werde. Verfahrensrechtlich bemängelt die Revision, daß das Berufungsgericht unter Verstoß gegen § 139 ZPO. zu Unrecht ein Sachurteil erlassen habe, während bei der gebotenen Aufklärung des Sachverhalts nur eine Klageabweisung „angebrachtermaßen" wegen nicht ordnungsmäßiger gesetzlicher Vertretung der Klägerin hätte in Frage kommen können. Der Revisionsantrag geht auf Aufhebung und Zurückverweisung an das Berufungsgericht. In der mündlichen Verhandlung hat RA. Dr. F. auf Befragen erklärt, daß er für die Landwirtschaftliche Zentralstelle in Liquidation, vertreten durch den Treuhänder K., auftrete. Der Prozeßbevollmächtigte der Beklagten hat daraufhin beantragt, die Revision als unzulässig zu verwerfen, hilfsweise Versäumnisurteil gegen die Landwirtschaftliche Zentralstelle in Liquidation, vertreten durch den Treuhänder Dr. L., zu erlassen. Darauf hat Rechtsanwalt Dr. F. die Erklärung abgegeben, daß er namens des Treuhänders K. die bisherige Prozeßführung einschließlich der Revisionseinlegung genehmige.

Aus den Gründen:

I. Die Revision ist an sich zulässig und in rechter Frist eingelegt. Sie entbehrt aber der gesetzlich vorgeschriebenen Form. Denn bei richtiger Auslegung des Klagerubrums aus der Natur des Klageanspruchs, der prozessualen Rechtsstellung des Treuhänders und aus den Schriftsätzen, wie sie geboten und zulässig ist (OGH. 1 ZS 27/48 vom 1. X. 48), ergibt sich, daß Klagepartei nicht die Landwirtschaftliche Zentralstelle in Liquidation (LZ. i. L.), sondern der Wirtschaftsprüfer Dr. L. in H. in seiner Eigenschaft als Treuhänder über das gemäß SMA.-Befehl Nr. 124 beschlagnahmte Vermögen der LZ. i. L. ist, wie unter IV in anderem Zusammenhang im einzelnen dargelegt werden wird. Dementsprechend war das Rubrum zu berichtigen. Dr. L. hat aber die von ihm eingelegte Revision entgegen der Vorschrift des § 554 Abs. 1 ZPO. nicht begründet. Die Begründung der Revision durch den erst nach ihrer Einlegung gemäß dem Gesetz Nr. 52 der Militärregierung bestellten Treuhänder K. in H. kann diesen Mangel nicht beheben, wie noch auszuführen ist.

II. Die am 1. Januar 1949 in Kraft getretene Verordnung Nr. 174 der Militärregierung berührt den vorliegenden Rechtsstreit nicht. (Wird näher ausgeführt).

III. Allerdings kann sehr zweifelhaft sein, was das Rechtsgebilde, dessen Ost-Vermögen gemäß SMA.-Befehl Nr. 124 und dessen West-Vermögen gemäß dem Mil.Reg. Gesetz Nr. 52 beschlagnahmt und unter verschiedene Treuhänderschaften gestellt worden ist, seiner rechtlichen Natur nach eigentlich darstellt. Wäre die LZ. i. L. als Partei anzusehen, so würden sich im Hinblick auf ihre Rechtsfähigkeit und Parteifähigkeit völkerrechtliche Bedenken ergeben, die bisher noch nicht erörtert sind, aber, wenn nicht in diesem Prozeß, so doch in dem möglicherweise folgenden Nachprozeß des westzonalen Treuhänders K. gegen die Beklagte einer Prüfung unterzogen werden müssen. Sie seien deshalb hier wenigstens angedeutet. Es kommt auf die völkerrechtliche Stellung Polens während der deutschen Okkupation an. Die deutsche These, der polnische Staat habe durch die Eroberung zu bestehen aufgehört (vgl. Klein Archiv für Öffentliches Recht Band 32 — 1941 — S. 227 ff., Weh DR. 1940 S. 1313;

auch RGZ. Bd. 167 S. 274 ff.) wäre nur dann beachtlich, wenn eine vollkommene Unterwerfung Polens vorgelegen hätte (vgl. v. Liszt-Fleischmann Völkerrecht § 10 I 2, Oppenheim-Lauterpacht International Law 1940 (6. Aufl.) Bd. II S. 467). Ob dies zutrifft, obwohl eine Exil-Regierung bestand und polnische Truppen an allen Fronten kämpften, wird zu prüfen sein. Aus der Verneinung dieser Frage würde folgen, daß Deutschland in Polen nur diejenigen Rechte hatte, die nach der Haager Landkriegs-Ordnung einer Okkupationsmacht zustehen. Dann aber wäre zu bedenken, daß Einrichtungen, die der Okkupant schafft, als derjenige, der treuhänderisch die Funktionen der legitimen Regierung ausübt, nicht solche des okkupierenden, sondern solche des okkupierten Landes sind (vgl. auch die Gedankengänge in RGZ. Bd. 109 S. 360 und JW. 1922 S. 1327). Hieraus ergäbe sich, daß die von der Okkupationsmacht errichtete Landwirtschaftliche Zentralstelle eine polnische, nicht eine deutsche Körperschaft des öffentlichen Rechts war und nach der Räumung Polens durch die deutschen Truppen der alleinigen Verfügung durch die polnische Staatsgewalt nach Maßgabe des Rechts des sogen. postliminium unterstand, also durch Maßnahmen deutscher Stellen nicht in Liquidation treten und nach Deutschland verlegt werden konnte. Es besteht bei dieser Rechtslage durchaus die Möglichkeit, daß es eine LZ. in H. niemals gegeben hat, weil die LZ. als Korporation polnischen Rechts in Krakau verblieben ist und vielleicht noch heute dort existiert oder einen Rechtsnachfolger erhalten hat. Diese Prüfung erübrigt sich auch nicht etwa dadurch, daß Dr. L. zum — ostzonalen — Treuhänder über das beschlagnahmte Vermögen der LZ. i. L. in H. bestellt worden ist. Zwar handelt es sich hierbei um Hoheitsakte, deren Wirkung innerhalb der Gebietsgrenzen des betreffenden Landes nicht der Nachprüfung der Gerichte eines anderen Landes unterliegt, sondern als Rechtstatsache hingenommen werden muß. Das ist allgemeine Meinung. Damit ist aber noch nicht entschieden, ob die eingeklagte Forderung zu dem Vermögen der LZ. i. L., zu dessen Verwaltung der Treuhänder bestellt ist, gehört. Das kann sie nicht, wenn die LZ. der ausschließlichen Befehlsgewalt der Polnischen Regierung untersteht und deshalb seit dem Aufhören der Okkupation durch Handlungen deutscher Stellen nicht aus Polen verlegt werden konnte.

IV. Sowohl der gemäß SMA.-Befehl Nr. 124 als Treuhänder eingesetzte Kläger Dr. L. als auch der später als Treuhänder bestellte K. sind unter Anwendung der in Rechtsprechung und Wissenschaft hierzu aufgestellten Grundsätze nicht als gesetzliche Vertreter des Eigentümers des von ihnen betreuten Vermögens, sondern als sog. Parteien kraft Amtes anzusehen. Das Wesen der Partei kraft Amtes liegt darin, daß sie auf Grund des ihr erteilten behördlichen Auftrags nach eigenem Ermessen ohne Rücksicht auf die Belange bestimmter Beteiligter zu handeln und dabei auch widerstreitende Interessen zu wahren, unter Umständen sogar geradezu gegen die Interessen des Eigentümers des betreuten Vermögens anzugehen hat. Im Prozeß macht sie sachlich fremdes Recht im eigenen Namen kraft des ihr durch ihr Amt verliehenen eigenen Rechts geltend. Die wesentliche Beleuchtung erfährt die Rechtsstellung der im Rahmen der Vermögenskontrolle bestellten Treuhänder aus Sinn und Zweck der diese Kontrolle verhängenden Anordnungen der Besatzungsmächte, an deren Verwirklichung die Treuhänder mitarbeiten.

Für den Geltungsbereich des Militärregierungs-Gesetzes Nr. 52 — ursprünglich als Gesetz der westlichen Besatzungsmächte für das von ihnen besetzte Gebiet Deutschlands erlassen, dann aber von den Oberbefehlshabern der drei Einzelzonen grundsätzlich aufrechterhalten (Brit. Zone: VO. Nr. 4, Amtsblatt Mil.Reg. Nr. 4 S. 5) — wird Sinn und Zweck dieser Anordnung von D o e l l e - Z w e i g e r t (Das Gesetz Nr. 52 über Sperre und Beaufsichtigung von Vermögen, S. 33 Ziff. 14) zutreffend dahin zusammengefaßt: Bestimmte im besetzten Deutschland belegene Vermögen oder Vermögensteile, an deren Übersicht und Erhaltung im jetzigen Bestand die alliierten Mächte aus mannigfachen Gründen ein besonderes Interesse haben, werden der Beschlagnahme und andern Maßnahmen der Mil.-Reg. unterworfen und durch eine weitgehende Verfügungs- und sonstige Aktions-Sperre „eingefroren". Dadurch sollen Verschiebungen dieser Werte verhindert werden, wobei aber der normale und loyale Geschäftsverkehr keine über diesen Zweck hinausgehende Beschränkung erfahren soll. (Art. IV des Gesetzes).

Über das endgültige Schicksal der betroffenen Vermögen, auch der öffentlichen Hand, besagt das Gesetz nichts. Es trägt gewissermaßen nur vorbereitenden Charakter, indem es in Art. I die rechtliche Grundlage für eine spätere Beschlagnahme legt und in Art. II die zur Sicherstellung des Erfolgs dieser Beschlagnahme notwendige Verfügungs- und Aktionssperre anordnet. Um über diese im Grunde genommen nur passive Regelung des Art. II hinaus positiv an der ordnungsmäßigen Verwaltung, Verwahrung, Sicherstellung und Kontrolle der betroffenen Vermögen mitzuwirken, bedient sich die Besatzungsmacht der in Art. III aufgeführten Organe — custodian, curator, official. Mit der Bestellung solcher Organe im jeweiligen Einzelfall, insbesondere eines custodian (Vermögensverwalter), tritt also eine verschärfte Erfassung der durch Art. II an sich schon festgelegten Werte ein. Aus diesem Zweck ihrer Bestellung und ihrer Gebundenheit an die Weisungen der Militärregierung ergibt sich, daß diese Organe in erster Linie der Militärregierung verantwortlich sind (Doelle-Zweigert a.a.O. S. 215, 223). Ob sie auch mit den Vermögensträgern durch Rechtsbeziehungen verbunden sind, mag dahingestellt bleiben. Will man es mit Haidinger (MDR. 1948 S. 8 ff.) gegen Doelle-Zweigert (a.a.O.) bejahen, so ist es eben ihre Aufgabe, diese widerstreitenden Interessen zu wahren, wobei aber die der Militärregierung stets denen des Vermögensträgers vorzugehen haben. Man unterscheidet üblicherweise zwischen dem gewöhnlichen custodian — einer Art Finanzaufsichtsperson — und dem sog. „managing custodian" als einem die volle rechtliche und wirtschaftliche Verantwortung tragenden und insofern den Vermögensträger nahezu völlig ausschaltenden Verwalter. Nach der Fassung der Bestallung des K., die ihn ermächtigt, „für den Eigentümer jede nicht durch die Bestimmungen der Militärregierung oder nach Deutschem Recht verbotene Handlung vorzunehmen", muß man (vgl. Doelle-Zweigert S. 222) annehmen, daß K. die Stellung eines „managing custodian" mit den weitestgehenden Befugnissen hatte, die ihn auch in allen das von ihm verwaltete Vermögen betreffenden Aktiv- oder Passiv-Prozessen als den allein Legitimierten erscheinen läßt. Da jedenfalls der „managing custodian" kraft des ihm erteilten Auftrags praktisch alle Befugnisse des Vermögensträgers ausübt, vornehmlich die Interessen der Militärregierung vertritt, an ihre Weisungen gebunden und in erster Linie ihr verantwortlich ist, muß er als Partei kraft Amtes angesehen werden. Das entspricht auch der herrschenden Meinung (Doelle-Zweigert a.a.O.; B l a n c k e NJW. 1947/48 S. 129 f.; K l e i n r a h m , DRZ. 1948 S. 73 ff. (78); B a r z , NJW. 1947 S. 44; von Godin, NJW. 1947 S. 46 ff.; Engler, DRZ. 1947 S. 252; OLG. München NJW. 1948 S. 479 Nr. 5; SchlHOLG. MDR. 1948 S. 294). Die abweichende Meinung von B l u m e n f e l d (DRZ. 1947 S. 254) für den Geltungsbereich des Bayrischen Treuhändergesetzes vom 19. 4. 1947, abgedruckt bei B e u c k , Zonenprobleme S. 175 ff., läßt eine Begründung vermissen. Wenn das erkennende Gericht schließlich in OGHZ. Bd. 1 S. 298 ff. (300) einem nach dem Gesetz Nr. 133 einer dezentralisierten Großbank bestellten „custodian" die Rechtsstellung eines gesetzlichen Vertreters eingeräumt hat, so steht dieser Sonderfall der vorstehenden Beurteilung nicht entgegen. Denn dort war bestimmten Einzelvorschriften der Verfügung Nr. 1 der Militärregierung vom 1. 4. 1948 zu entnehmen, daß dieser „custodian" die Befugnisse des Vorstandes der Bank haben solle und daß er daher zum gesetzlichen Vertreter der Bank wurde.

In noch höherem Maße kommt dem gemäß SMA-Befehl Nr. 124 bestellten „Sondertreuhänder" Dr. L. die Stellung der Partei kraft Amtes zu. Mag man selbst mit Doelle-Zweigert (a.a.O. S. 4) annehmen, daß die SMA-Befehle Nr. 124 und 126 und das Gesetz Nr. 52 der Militärregierung in der vom Kontrollrat erlassenen Proklamation Nr. 2 vom 20. 9. 1945 (Amtsblatt KR. Nr. 1 S. 8) ihre gemeinsame Rechtsgrundlage gehabt haben, so zeigen schon die genannten SMA-Befehle selbst, aber auch vor allem die inzwischen eingetretene Rechtsentwicklung in der Ostzone, daß hier auf dem Gebiet der Vermögenskontrolle von Anfang an andere und weitergehende Ziele und Zwecke verfolgt wurden, als nach dem Gesetz Nr. 52. Im Gegensatz zu Art. I und II dieses Gesetzes enthält bereits der SMA-Befehl Nr. 124 in Verbindung mit den dazu ergangenen Richtlinien, abgedruckt bei Beuck, Zonenprobleme S. 155 f., mit dem als sofort anzunehmenden Zeitpunkt seiner Ausführung die totale Entziehung von Besitz, Verfügung und Verwaltung des von dem Befehl betroffenen Vermögens. Dementsprechend steht, wie die Präambel sowie Ziff. 6 und 7 des Befehls zeigen, der Gesichtspunkt der möglichst beschleunigten Ausnutzung des betroffenen Vermögens „für die Bedürfnisse der örtlichen Bevölkerung und der Besatzungstruppe" im Vordergrund. Befehl der SMA Nr. 126 schreitet dann im Gegensatz zur Ziff. Ic des Gesetzes Nr. 52 sofort zur Konfiskation des Vermögens der Organisationen der NSDAP. Die weitere Rechtsentwicklung, wie sie in der Treuhänderanweisung des Landes Mecklenburg vom 10. 1. 46 (abgedruckt bei Beuck a.a.O. S. 158 ff.), dem SMA-Befehl Nr. 97 vom 29. 3. 46 (Betriebsberater 1946 Nr. 6 Sr. 10/11) und dem SMA-Befehl Nr. 154/181 (Amtsblatt Mecklenburg-Vorpommern 1946 Nr. 4 vom 12. 8. 1946) zum Ausdruck kommt, zeigt, daß der noch in den erwähnten „Richtlinien" betonte Unterschied zwischen Beschlagnahme und Enteignung praktisch nicht beachtet und seine tatsächliche Aufhebung schließlich dann in den Enteignungsgesetzen der Länder auch rechtlich sanktioniert wurde (Gesetz der Landesverwaltung Mecklenburg-Vorpommern vom 16. 3. 1946, Amtsblatt 1946 Nr. 6 vom 14. 9. 1946; VO. der Provinz Sachsen vom 30. 7. 1946 und Gesetz der Provinz Sachsen vom 30. 5. 1947, beide abgedruckt in der Sammlung „Das Recht der Provinzialregierung Sachsen-Anhalt", Gruppe 6: Wirtschaft, Abschnitt V D 2 und 3). Hieraus folgt, daß Enteignung oder Sozialisierung das eigentliche Ziel und der wirkliche Zweck dieser ganzen ostzonalen Maßnahmen zur Vermögenskontrolle gewesen sind. Aus diesen im Vergleich mit dem Gesetz Nr. 52 sehr viel schärferen Eingriffen der ostzonalen Besatzungsmacht ergibt sich naturgemäß eine Stellung des „Treuhänders", die sich noch vielmehr der einer reinen Amtsperson nähert, als die des „managing custodian" nach dem Gesetz Nr. 52. Er ersetzt praktisch die meist verhafteten oder vertriebenen Eigentümer; seine Hauptaufgabe ist es, gegen diese Eigentümer die Interessen der Militärregierung oder der von ihr beauftragten deutschen Stellen zu wahren und das Vermögen für die Allgemeinheit in deren Auftrag und unter deren Kontrolle zu verwalten. Ob der Sondertreuhänder neben diesem Aufgabenkreis und somit mit ihm vereinbar auch die Interessen des Eigentümers wahrzunehmen hat, erscheint nach der ganzen Tendenz der vorstehend dargelegten Rechtsentwicklung fraglich, kann aber dahingestellt bleiben. Dem entspricht die Bestallung des Dr. L., in der es heißt: „Der Treuhänder ist zur Verwaltung und Sicherung des gesamten Betriebsvermögens im Rahmen der oben genannten Befehle — SMA-Befehl Nr. 124 — in Verbindung mit dem im übrigen geltenden Recht berechtigt und verpflichtet". Wenn die während des Prozesses ausgestellte „Bestätigung" der Provinzialregierung Sachsen-Anhalt vom 14. 3. 1947 ausspricht, daß „diese Treuhänder die rechtliche Stellung eines gesetzlichen Vertreters der sequestrierten Unternehmen haben", so wird diese Auskunft dem dargelegten wirklichen Wesen des Treuhänders als einer mit allerweitesten Vollmachten ausgestatteten Amtsperson nicht gerecht. Es muß auch beachtet werden, daß die Frage nach der rechtlichen Natur des Treuhänders im damaligen Zeitpunkt in ihrer Bedeutung für den Prozeß noch nicht erkannt war, so daß dieser Punkt dem Verfasser der Auskunft nebensächlich erschienen sein mag. Im übrigen könnte aber auch eine Rechtsansicht einer ministeriellen Dienststelle des Landes Sachsen-Anhalt über die Rechtsnatur der Stellung des Treuhänders nicht dazu führen, diese Stellung anders zu beurteilen, als nach deutschem Zivilprozeßrecht geboten ist. Auch der ostzonale Treuhänder Dr. L. ist mithin als Partei kraft Amtes anzusehen, der das sachlich fremde Recht kraft eigenen, ihm durch sein Amt verliehenen Rechtes im eigenen Namen geltend macht.

V. Der mit Ziff. I der Revisionsbegründung gemachte Versuch, statt des ursprünglichen Klägers, des ostzonalen Treuhänders Dr. L., den neu bestellten westzonalen Treuhänder K. im Wege der „Berichtigung" des Klagerubrums als Partei in dem Prozeß einzuführen, indem der Letztere eine vom Ersteren eingelegte Revision begründete, konnte keinen Erfolg haben. RA. Dr. F. hat die Revision namens der LZ. i. L. „vertreten durch den Treuhänder Wirtschaftsprüfer Dr. L." eingelegt. K., auf den als gesetzlichen Vertreter der Klägerin das Rubrum zu berichtigen Dr. F. in seinem Schriftsatz beantragt hat, war bei Einlegung der Revision noch nicht zum Treuhänder bestellt. Es ist also davon auszugehen, daß die Revision im Namen und Auftrag des Treuhänders L. eingelegt worden ist und dieser RA. Dr. F. zum Prozeßbevollmächtigten für die Revisionsinstanz bestellt hat, ohne daß es eines Nachweises der Vertretungsmacht des RA. Dr. F. für Dr. L. bedurfte (RG. JW. 1915 S. 36).

Hiernach ist die Form der Revision insoweit nicht erfüllt, als die namens des Dr. L. eingelegte Revision entgegen der Vorschrift des § 554 Abs. 1 ZPO. nicht in seinem Namen begründet worden ist. Die im Namen des inzwischen bestellten westzonalen Treuhänders K. eingereichte Revisionsbegründung ist die eines Fremden, der sich, ohne Rechtsnachfolger zu sein, eine fremde Prozeßführung aneignen will. Dies ist unzulässig.

Allerdings ziehen Rechtsprechung und Wissenschaft nicht ganz streng und in jeder Richtung die Folgerungen aus dem Begriff der Parteistellung kraft Amtes, wie sie beide Treuhänder nach den vorstehenden Ausführungen inne haben. Insbesondere werden beim Wechsel in der Person des Amtsträgers unter Heranziehung des § 241 ZPO. — statt § 239 ZPO. — die Grundsätze über den Wechsel in der Person des gesetzlichen Vertreters entsprechend angewandt (RGZ. Bd. 155 S. 350 [354]; RG. JW. 1913 S. 876 Nr. 20; RG. in Gruch. Bd. 59 S. 494; RG. Warn.Rspr. 1913 Nr. 330; Rosenberg Lehrbuch § 44 III, 3c S. 119; Schönke Lehrbuch § 68 II, 1 b S. 237; Jonas-Pohle, 16. AuflageAnm. I, 1 zu § 239; I, 2 Abs. 3 zu § 241, Baumbach Anm. 2 B zu § 239). Es mußte bei den Parteien kraft Amtes die Möglichkeit der Unterbrechung des Verfahrens beim Personenwechsel im Amt gefunden werden, um dem tragenden Gedanken der §§ 239 ff. ZPO. — Gewährleistung einer kontinuierlichen Vertretung in jedem Zeitpunkt des Verfahrens — auch in diesen Fällen zur Wirksamkeit zu verhelfen. Da § 239 nur den Sonderfall der Rechtsnachfolge von Todes wegen regelt, blieb nur die Analogie aus § 241 ZPO. Sie ist eine reine Zweckanalogie. Sie anzuwenden — und damit den Begriff der Partei kraft Amtes weiter zu verwässern — besteht nur dort Anlaß, wo ein ähnliches Bedürfnis vorliegt, wie im Falle der §§ 239 ff. ZPO. Ein solches Bedürfnis liegt aber hinsichtlich der formalen Erfordernisse der Revision nicht vor. Das Gesetz schreibt vor, daß derjenige, der die Revision eingelegt hat, sie auch begründen muß. Es mag mit dieser Vorschrift vereinbar sein, daß, wenn der Treuhänder Dr. L. aus irgendwelchen Gründen aus seinem Amt ausgeschieden und von der gleichen ostzonalen Stelle ein Nachfolger für das gleiche Amt eingesetzt worden wäre, der Nachfolger die von L. eingelegte Revision begründet hätte. Hier bleibt das Amt das gleiche, nur der Amtsträger wechselt. Anders aber liegt der zur Entscheidung stehende Fall. Dr. L. wird in seinem Amt nicht durch K. ersetzt, sondern er bleibt in seinem Amt, und K. tritt neben ihn. Beide Treuhänder wahren die Interessen verschiedener Vermögensmassen, die durch Hoheitsakte verschiedener Hoheitsträger den beiden Treuhändern zur Verwaltung übertragen sind, L. die Interessen der ostzonalen Vermögensmasse der LZ i. L., K. die der westzonalen Vermögesnmasse des gleichen Vermögensträgers. Das rechtlich eine Einheit bildende Gesamtvermögen der LZ i. L. ist verwaltungsmäßig in zwei Teile aufgespalten, deren Kontrolle und Verwaltung zwei nebeneinander amtierenden Treuhändern mit sachlich und gebietsmäßig getrenntem Aufgabenkreis obliegen. Hier den Eintritt K.s — statt Dr. L.s — in den Prozeß nach den Grundsätzen des Wechsels des gesetzlichen Vertreters zu beurteilen, würde zu unmöglichen Folgerungen führen. Um — wenn auch nur in der Tatsacheninstanz — Erfolg zu haben, müßte K. den Vortrag Dr. L.s über die sachlichrechtlichen Befugnisse des Treuhänders und ihren Ursprung nahezu in das Gegenteil verkehren und seinerseits vortragen, daß die Klageforderung nicht zum Ostvermögen der LZ i. L., sondern zu deren Westvermögen gehöre, daß nicht L. auf Grund des SMA-Befehls Nr. 124, sondern er, K., auf Grund des MilRegG. 52 aktiv legitimiert sei. K. müßte von seinem Standpunkt die Klarstellung des Berufungsurteils begrüßen, daß die Klageforderung nicht dem Treuhänder Dr. L. zusteht; denn damit ist gleichzeitig, wenn auch ohne Rechtskraftwirkung für ihn, ausgesprochen, daß die Klageforderung, wenn sie überhaupt materiell besteht, jedenfalls ihm als westzonalem custodian gebührt. Und trotzdem will er die Revision Dr. L.s begründen dürfen, die die Aufhebung des ihm — K. — günstigen Urteils erstrebt. Diese Erwägungen zeigen, daß im vorliegenden Falle für die Beantwortung der Frage, ob die Einlegung und die Begründung der Revision von derselben Partei erfolgt sind, von der Parteistellung kraft Amtes ausgegangen werden muß.

Daß RA. Dr. F. in der mündlichen Verhandlung namens des Treuhänders K. die bisherige Prozeßführung einschließlich der Revisionseinlegung genehmigt hat, kann an dieser Rechtslage nichts ändern. Eine solche Genehmigung ist auch noch in der Revisionsinstanz zulässig (RGZ. Bd. 126 S. 263, HRR. 1934 Nr. 649). Das Gesetz kennt aber eine solche Genehmigung von seiten des „Vertretenen" nur bei Prozeßhandlungen des sog. falsus procurator, des „Nichtbevollmächtigten" im Sinne von § 89 Abs. 2 ZPO., und von seiten des Gegners nur im Falle des § 295 ZPO. Nirgends ist aber im Gesetz ausgesprochen, es könne sich jemand eine fremde Prozeßführung dadurch aneignen, daß er — mit der bloßen Behauptung, er sei die wahre Partei — in einen Rechtsstreit zwischen anderen Parteien eintritt und die bisherige Prozeßführung desjenigen, an dessen Stelle er treten will, „genehmigt". Der grundsätzliche Unterschied zwischen einem solchen Fall und dem des § 89 Abs. 2 ZPO. ist in RGZ. Bd. 45 S. 359 ff. (363) klar hervorgehoben und die Rechtsfrage in vorstehendem Sinne entschieden worden. Wenn Rosenberg (Lehrbuch, § 39 IV 2 S. 101) diese Entscheidung als irrig bezeichnet, weil sich aus §§ 551 Ziff. 5 und 579 Ziff. 4 ergebe, daß in analoger Anwendung von § 89 ZPO. auch Rechtshandlungen der sog. „Nicht-Partei" auf dem Wege über die Genehmigung durch die wahre Partei geheilt werden könnten, dann gilt das jedenfalls dann n i c h t, wenn das Urteil eben n i c h t auf den Namen der wahren Partei gestellt ist, wie in dem von Rosenberg gebildeten Beispiel. Denn in einem solchen Falle kann eine Revision oder Nichtigkeitsklage durch die wahre Partei, also durch einen prozessual Unbefugten, nicht in Betracht kommen.

Im übrigen könnte eine Genehmigung von Prozeßhandlungen der „Nicht-Partei" durch die wahre Partei, wollte man sie für möglich und zulässig halten, die notwendige Identität zwischen Revisionskläger und Revisionsbegründer nicht herstellen. Allerdings würde eine Genehmigung die bisher schwebenden unwirksamen Prozeßhandlungen mit rückwirkender Kraft heilen (RGZ. Bd. 64, S. 217; Bd. 86 S. 246; RG. JW. 1915 S. 36). Aber die Wirkung dieser Genehmigung würde nur dahin gehen, daß der Genehmigende die genehmigten Prozeßhandlungen, also K. die L.sche Revision, gegen sich gelten lassen muß (§ 89 Abs. 2 ZPO.). Daß K. sie aber in dem Sinne für sich in Anspruch nehmen könne, daß die von L. eingelegte Revision nunmehr als von K. eingelegt anzusprechen sei, ist nirgends dem Gesetz zu entnehmen. Die Lage ist vielmehr umgekehrt: K. hat als prozessual Unbefugter eine fremde Revision begründet; zur Wirksamkeit dieser Prozeßhandlung bedurfte es ihrer Genehmigung durch L., um die Revision L.s vor der Unzulässigkeit zu bewahren. Eine solche Genehmigung ist nicht erklärt. Würde man eine Genehmigung der vorliegenden Art für Prozeßhandlungen einer „Nicht-Partei" zulassen, so würde das praktisch auf die Einführung einer gewillkürten Prozeß-Standschaft hinauslaufen, deren grundsätzliche Unzulässigkeit der Senat in Übereinstimmung mit der bisherigen Rechtsprechung des Reichsgerichts in seinem zur Veröffentlichung bestimmten Urteil vom 7. 1. 1949 — I ZS 138/48*) — erneut festgestellt hat. Es brauchte nur ein Gläubiger A, der aus irgendeinem Grunde im Prozeß zunächst nicht in Erscheinung treten will, gegen seinen Schuldner C durch einen Strohmann B mit unrichtigen Legitimationsbehauptungen einen Prozeß anlaufen zu lassen, dann zu gegebener Zeit in den Prozeß einzutreten und die Prozeßhandlungen des B. zu genehmigen. Auch diese Erwägung führt dazu, der Genehmigungserklärung des RA. Dr. F. in Richtung der Herstellung der notwendigen Identität zwischen Revisionskläger und Revisionsbegründer die Wirksamkeit zu versagen.

Danach muß die Revision des Dr. L. wegen fehlender Revisionsbegründung als unzulässig verworfen werden (§§ 554 Abs. 1, 554a Abs. 1). Dies hat, nachdem einmal mündliche Verhandlung stattgefunden hat, durch Urteil zu erfolgen, das sich, da es nicht auf Grund der Säumnis des Revisionsklägers, sondern gewissermaßen trotz seiner Säumnis ergeht, als unechtes Versäumnisurteil darstellt und der Anfechtung mittels Einspruchs nicht unterliegt (vgl. das zur Veröffentlichung bestimmte Urteil des Senats

*) Abgedruckt Bd. 1 S. 333.

vom 24. 2. 1949 — I ZS 214/48).*) Gleichzeitig mußte der unzulässigerweise im Rechtsstreit aufgetretene westzonale Treuhänder K. aus dem Rechtsstreit verwiesen werden, wobei die Vorschriften über die Zurückweisung einer Nebenintervention (§ 71 ZPO.) sinngemäß anzuwenden sind. Allerdings erfolgt diese Zurückweisung einer Nebenintervention durch Zwischenurteil. Es bestehen aber keine Bedenken, diese Entscheidung mit der über die Verwerfung der Revision in einem Urteil zu verbinden. Da ein Rechtsmittel gegen die Entscheidung des Obersten Gerichtshofes nicht gegeben ist, scheidet der sonst gegen eine solche Verbindung sprechende Gedanke, daß gegen die Entscheidungen verschiedene Rechtsmittel in Betracht kommen könnten, im vorliegenden Falle aus. Bei der Kostenentscheidung war zu berücksichtigen, daß durch die mündliche Verhandlung, die von RA. Dr. F. namens des westzonalen Treuhänders K. geführt wurde, Kosten entstanden sind, die dem ostzonalen Treuhänder — der tatsächlichen Prozeßpartei — nicht auferlegt werden können. Sie müssen in entsprechender Anwendung der Grundsätze, die bei Zurückweisung von zum Auftreten aus irgendwelchen Gründen nicht befugten Personen zu gelten haben (Jonas-Pohle, 16. Aufl., Vorb. III, 3 vor § 50, ferner § 56 IV, 2 und § 88 III Abs. 2), dem Treuhänder K. auferlegt werden, der sie veranlaßt hat.

---

2. Zum Rechtsverhältnis der im Rahmen des Geilenberg-Programms ausgeführten Arbeiten.

KSSchVO. §§ 8, 9, 10, 13; UmstG. § 21; BGB. § 242.

I. Zivilsenat. Urt. v. 28. April 1949 i. S. Mineralölwerke A. & Co. (Bekl.) w. M. (Kl.). I ZS 221/48.

I. Landgericht Hamburg.
II. Oberlandesgericht Hamburg.

Der Kläger führte vom 24. Juli 1944 bis 22. April 1945 in dem durch Bombentreffer schwer mitgenommenen Mineralölwerk der Beklagten umfangreiche Bauarbeiten aus. Er erlangte dafür teilweise Bezahlung durch die Be-

*) Abgedruckt Bd. 1 S. 354.

klagte. Mit der Klage verlangt er von ihr Zahlung von noch 14 192,62 RM. Die Beklagte hält den ordentlichen Rechtsweg für unzulässig und will dem Kläger aus keinerlei Rechtsgrund verpflichtet sein.

Zu den Bauarbeiten kam es auf folgende Weise: Der Reichsminister für Rüstung und Kriegsproduktion übertrug im Jahre 1944 dem Leiter des Hauptausschusses Munition, Edmund Geilenberg, der vom Führer mit besonderen Vollmachten ausgestattet war, „wichtigste kriegsentscheidende" Aufgaben. Sie bestanden darin, für den Aufbau der teils beschädigten, teils zerstörten Mineralölwerke Sorge zu tragen. Geilenberg bediente sich dazu der Organisation Todt; die Finanzierung interessierte ihn nicht. Chef der OT-Bauleitung Hamburg war der damalige Senatssyndikus T. Geilenberg bestimmte für alle in Hamburg aufzubauenden Mineralölwerke einen gemeinsamen Werkbeauftragten (B.). In einem mit „Der Werkbeauftragte für Hamburg im Arbeitsstab Geilenberg" überschriebenen Protokoll vom 5. Juli 1944 wurde festgelegt, daß T. für jedes aufzubauende Werk einen verantwortlichen Architekten als seinen Vertreter bestellen solle; außerdem wurde als stellvertretender Werkbeauftragter und Sachbearbeiter für die Durchführung der Aufbauarbeiten bei der Beklagten deren Betriebsingenieur W. ernannt. Am 7. Juli 1944 erkundigte sich der Architekt D. bei der OT-Bauleitung danach, ob für ihn Aufträge vorhanden seien. Ihm wurde gesagt, daß das Geilenberg-Programm anlaufe und daß er dafür eingesetzt werden könne. Ihm wurde eine Liste derjenigen Werke, die aufgebaut werden sollten, vorgelegt und geraten, sich bei der Beklagten, die noch keinen Architekten habe, zu melden. Das tat er am 8. Juli 1944. D. erteilte dem Kläger zunächst mündlich, unter dem 29. Juli 1944 brieflich einen Bauauftrag. Der Kopf dieses Briefes trägt die Bezeichnung: „OT-Bauleitung Hamburg, Arbeitsstab Geilenberg". In dem Brief wird gesagt, daß das Bauvorhaben dem Geilenberg-Programm angehöre; er schließt mit dem Satz: „Die Bezahlung der Rechnung erfolgt direkt durch die Mineralölwerke A. & Co." (Beklagte).

Die Beklagte zahlte auf mehrere Rechnungen des Klägers am 13. März 1945 25 000 RM. Unter dem 5. November 1945 schrieb sie ihm auf Rechnungen über zusammen

6 740,67 RM und unter dem 6. November 1945 auf eine Rechnung über 4 695,14 RM, wegen durch die Mil.-Regierung verhängter Zahlungssperre sei sie im Augenblick leider nicht in der Lage, eine Überweisung vorzunehmen, hoffe aber, daß die Sperre bald aufgehoben werde und daß dann nichts mehr im Wege stehen würde, die geforderten 6 740,67 RM bzw. 4 695,15 RM zu bezahlen.

Der Kläger behauptet, die Beklagte habe D. zu ihrem bauleitenden Architekten gemacht und D. habe jedenfalls den mündlichen Auftrag in ihrem Namen erteilt. Der Kläger meint, die Beklagte habe in dem Schreiben vom 5. und 6. November 1945 ihre Zahlungsverpflichtung anerkannt, und sieht hierin und im sonstigen Verhalten der Beklagten eine Genehmigung des von D. für sie erteilten Auftrages.

Die Beklagte meint, der Kläger sei auf öffentlich-rechtlicher Grundlage tätig geworden. Sie will dem Kläger und D. keinen Auftrag erteilt und den letzteren auch nicht als ihren Architekten angenommen haben. Alle Zahlungen für Arbeiten im Geilenberg-Programm habe sie als Zahlstelle des Deutschen Reiches geleistet. Da ihr Vermögen auf Grund der Militärregierungsgesetze Nr. 52 und 53 gesperrt sei, könne sie den Klageanspruch nicht erfüllen.

Das Landgericht hat die Klage abgewiesen, da die Beklagte in eigenem Namen und für eigene Rechnung dem Kläger keinen Auftrag habe erteilen wollen und sie ohne Fahrlässigkeit habe glauben können, von D. nicht mißverstanden worden zu sein. Das Berufungsgericht hat die Beklagte antragsgemäß verurteilt, jedoch ausgesprochen, daß Leistung und Vollstreckung nur mit Genehmigung der Property-Control zulässig seien, soweit das Vermögen der Beklagten einer Vermögenssperre nach den Militärregierungsgesetzen Nr. 52 und 53 unterliege. Die Revision der Beklagten hatte keinen Erfolg.

Aus den Gründen:

1. Der Rechtsweg ist zulässig.

Nach feststehender Rechtsprechung (RGZ. Bd. 125 S. 399 = JW. 1930 S. 1932; Bd. 129 S. 288 = JW. 1931 S. 1194; Bd. 146 S. 244 = JW. 1935 S. 1489) ist für die Frage der Zulässigkeit des Rechtswegs das tatsächliche Klagevorbringen maßgebend. Die Klage behauptet einen zivilrechtlichen Anspruch. Sie trägt vor, der Kläger habe im Werk der Beklagten Bauarbeiten ausgeführt, der Auftrag sei von D. im Namen der Beklagten erteilt worden und die Beklagte habe die Klageforderung durch ihre Schreiben vom 5. und 6. November 1945 anerkannt. Wenn dann noch gesagt wird, der Auftrag sei „innerhalb des Arbeitsprogramms Geilenberg" ausgeführt worden, und auf die Rechnungen Bezug genommen wird, von denen die vom 20. Februar, 7. Juni und 6. November 1945 den Betreff: „Arbeitsprogramm Geilenberg" tragen, so bedeutet dies nach dem Gesamtinhalt der Klage nicht, daß der Kläger seinen Anspruch auf öffentlich-rechtliche Beziehungen stützt. Der Kläger leitet seinen Anspruch vielmehr aus einem bürgerlich-rechtlichen Werkvertrag, aus Genehmigung von Handeln ohne Vertretungsmacht und aus Anerkenntnis ab.

2. Schuldner des Entgeltes für die zur Durchführung des Geilenberg-Programms notwendigen Arbeiten konnte je nach Handhabung das Reich oder das kriegsbeschädigte Werk werden.

Stand der Aufbau der beschädigten oder zerstörten Mineralölwerke im Zeichen des Kriegsschädenersatzes, so konnte er durch Entschädigung in Geld auch unter Auflagen (§ 9 Abs. 1 und 3 KSSchVO.) oder durch Ersatzleistung in Natur (§ 10 KSSchVO.), im letzteren Falle auch durch Anordnung von Amtswegen (§ 8 Abs. 2 KSSchVO.) herbeigeführt werden. Bei der Entschädigung in Geld waren es die geschädigten Mineralölwerke, die den Aufbau vorzunehmen hatten; wollten sie den Aufbau durch Dritte ausführen lassen, so wurden sie durch die Auftragserteilung selbst verpflichtet. Das gilt auch dann, wenn die Entschädigungsleistung des Reiches mit öffentlich-rechtlichen Auflagen verbunden war. Nahm das Reich die Ersatzleistung in Natur dadurch vor, daß es selbst die Bauarbeiten in Auftrag gab, so wurde es unmittelbar selbst verpflichtet. Daß die Beklagte ein Unternehmen mit erheblicher nichtdeutscher Beteiligung ist, schloß nach § 13 Abs. 2 KSSchVO. die Anwendung der Kriegssachschädenvorschriften nicht schlechthin aus.

Kam es dem Reich nicht auf Kriegsschädenersatz, sondern auf die Herstellung kriegswichtiger Produktionsanlagen ohne Rücksicht auf den früheren Zustand oder ein Wiederherstellungs- oder Erneuerungsinteresse der Geschädigten an, so hatte das Reich nach den Verhältnissen des Jahres 1944 immerhin die tatsächliche Möglichkeit, den geschädigten Werken den Aufbau zu befehlen und vorzuschreiben; durch Ausführung einer solchen Auflage wurden die Mineralölwerke selbst verpflichtet. Das Reich konnte aber auch die einzelnen Arbeiten so ausführen lassen, daß es dadurch selbst verpflichtet wurde.

Welche dieser Möglichkeiten gegeben ist, ist eine Frage der tatsächlichen Beurteilung. Es ist daher nicht zu beanstanden, daß der Berufungsrichter für im Rahmen des Geilenberg-Programms ausgeführte Arbeiten nicht ohne weiteres eine öffentlich-rechtliche Grundlage oder eine unmittelbare Verpflichtung des Reiches angenommen, sondern auch ein Privatrechtsverhältnis mit der Beklagten als Schuldnerin in Betracht gezogen hat.

3. Die Feststellungen, auf Grund deren der Berufungsrichter zur Verurteilung der Beklagten gekommen ist, werden von der Revision zu Unrecht angegriffen. (Wird im einzelnen ausgeführt).

4. Die Ansicht der Revision, die Beklagte sei nicht passiv legitimiert, scheitert an den tatsächlichen Feststellungen des Berufungsgerichts. Sie gehen dahin, daß an den Kläger kein staatlicher Befehl ergangen ist, daß das Schreiben vom 29. Juli 1944 nicht die Grundlage für das Tätigwerden des Klägers bildet, daß der Befehlston und der Kopf dieses Schreibens vielmehr dazu dienten, dem Kläger Gewicht zur Beschaffung von Arbeitskräften und Material zu geben, daß D. im Namen der Beklagten aufgetreten ist und sie den von D. erteilten Auftrag als ihren eigenen genehmigt hat.

5. Der Revision kann nicht zugegeben werden, daß die Beklagte nur beschränkt haftet.

Zu Unrecht beruft sich die Revision auf RGZ. Bd. 12 S. 230. Dort geht es um die Frage, welche Wirkung es hat, wenn mehrere Personen, die zu einem bestimmten Zweck einen Fonds zusammengebracht haben, unter Hinweis auf diesen Fonds kontrahieren. So liegt der Fall hier nicht. Der Kläger wußte zwar, daß die Arbeiten im Rahmen des Geilenberg-Programms ausgeführt wurden. Als seine Auftraggeberin trat aber die Beklagte auf und sie hat, wie den Feststellungen des Berufungsgerichts zu entnehmen ist, nicht die Erklärung abgegeben, daß sie nur mit den Mitteln haften wolle, die ihr vom Reich zur Verfügung gestellt würden. Sie hat es im Gegenteil unternommen, die Handwerker aus eigenen Mitteln zu bezahlen, und, wie der Kläger behauptet, möglicherweise nur unterlassen, sich rechtzeitig Deckung vom Reich zu verschaffen.

Für eine Haftungsbeschränkung auf Grund von § 242 BGB. ist kein Raum. Geschäftsgrundlage war nicht, daß das Reich für die Kosten der Bauten aufkommen würde. Denn die Beklagte war sich selbst nicht sicher, ob das Reich haften würde.

6. Schließlich kann sich die Beklagte auch auf § 21 Abs. 4 UmstG. nicht mit Erfolg berufen.

Daß das Umstellungsgesetz bei Erlaß des Berufungsurteils noch nicht galt, hindert das Revisionsgericht nicht, den Tatbestand unter dem Gesichtspunkt des § 21 Abs. 4 UmstG. zu prüfen. Wenn auch das Revisionsgericht grundsätzlich nach dem bei der letzten mündlichen Verhandlung in der Berufungsinstanz geltenden Recht zu erkennen hat, so gilt dies doch nicht für § 21 UmstG. Für die Absätze 1 und 2 hat dies der Senat bereits in den Entscheidungen vom 13. November 1948 — I ZS 60/48 (OGHZ. Bd. 1 S. 228 [235]) — und vom 31. März 1949 — I ZS 169/48 (OGHZ. Bd. 1 S. 386) — ausgesprochen. Für den Abs. 4 kann insoweit nichts anderes gelten.

Die Vorschrift trifft aber nicht zu. Die Beklagte hat gegen das Reich keinen Anspruch „aus einer Lieferung oder sonstigen Leistung". Der Kläger ist nicht Vorlieferant der Beklagten für eine Weiterlieferung; die Bauten blieben vielmehr im Vermögen der Beklagten; für das Reich ist nichts hergestellt worden.

3. 1. Hat das Berufungsgericht eine Klage abgewiesen, weil es die ausschließliche Zuständigkeit einer Verwaltungsbehörde zur Entscheidung einer für den Rechtsstreit wesentlichen Vorfrage annahm, so hat es dadurch die Zulässigkeit des Rechtswegs im Sinne des § 30 Nr. 1 der VO. vom 17. 11. 1947 verneint; die Revision ist daher unbeschränkt zulässig.

2. Für den Anspruch des Anliegers eines Wasserlaufs auf Zustimmung des Unterhaltungspflichtigen zur Inbesitznahme von Anlandungen, die infolge von Unterhaltungsarbeiten entstanden sind (§ 140 Abs. 1, Abs. 3 Satz 2 PrWG.), ist der Rechtsweg nicht gegeben. Insoweit ist die Wasserpolizeibehörde zuständig.

3. Für eine Klage des Anliegers auf Feststellung seines Eigentums an dem durch Anlandungen entstandenen Neuland (§ 17 Abs. 1, § 140 Abs. 1 PrWG.) ist der Rechtsweg zulässig. Das gilt auch hinsichtlich der Vorfrage, ob das Neuland durch Anlandungen entstanden ist.

GVG. § 13; VO. vom 17. 11. 1947 (VOBl. BZ. S. 149) § 30 Nr. 1; Preußisches Wassergesetz vom 7. 4. 1913 §§ 17, 140, 147, 148.

II. Zivilsenat. Urt. v. 11. April 1949 i. S. H. (Kl.) w. Gemeindeverwaltung H. (Bekl.). II ZS 66/48.

I. Landgericht Hamburg.
II. Oberlandesgericht Hamburg.

Der Kläger ist Eigentümer einer Landparzelle in A., die mit einer Seite an den Köhlbrand grenzt; dieser ist als Teil der Elbe ein öffentlicher Strom erster Ordnung. In die Parzelle des Klägers stößt ein Wassergraben hinein, dessen Eigentümerin die Beklagte als Rechtsnachfolgerin des Landes Preußen ist. Es handelt sich hierbei um einen ehemaligen Flußeinschnitt mit Sielausmündung, der um die Jahrhundertwende mit einem Holzbollwerk eingefaßt war und als Hafen diente. Allmählich verfiel das Bollwerk, und es traten Abbrüche der angrenzenden Ufer ein. Im Laufe der Zeit wurde der Wassergraben durch Umstände, über deren Art die Parteien streiten, soweit aufgehöht, daß die Sohle bei gewöhnlichem Wasserstand nicht mehr vom Wasser überspült wurde. Diesen später mit einer Grasnarbe bedeckten Teil der Wasserparzelle nutzte der Kläger seit 1927 landwirtschaftlich, ohne dazu die Zustimmung der Beklagten erhalten zu haben. Im Jahre 1942 verbot ihm die Beklagte jegliche Nutzung der streitigen Fläche. Sie vermietete diese als Werftplatz; zur weiteren Befestigung schaffte die Mieterin Steine auf die Parzelle.

Der Kläger behauptet, daß das Neuland durch Anlandungen entstanden und er somit Eigentümer geworden sei; er verlangt von der Beklagten Herausgabe desjenigen Vorlandes, das zwischen zwei Senkrechten liegt, die von den Endpunkten seiner Parzelle auf die Mittellinie des Köhlbrands gezogen gedacht werden, und zwar, soweit dieses Vorland sich über dem mittleren Hochwasserstand erhebt — hilfsweise die Herausgabe dieses Vorlandes zu einem Viertel —, ferner die Wegschaffung der auf das Vorland aufgefahrenen Steine. Er hat im ersten Rechtszuge vorgetragen, daß die Bildung des Neulandes im wesentlichen auf Anlandungen durch Anspülung im Sinne des § 17 des Preußischen Wassergesetzes zurückzuführen sei. Die Beklagte widerspricht dem Verlangen des Klägers; sie behauptet, das Neuland sei im wesentlichen durch künstliche Anschüttungen entstanden und stehe daher in ihrem Eigentum.

Das Landgericht hat nach Beweiserhebung die Klage abgewiesen, weil das Neuland vorwiegend durch künstliche Anschüttungen, nicht durch natürliche Anschwemmung entstanden und daher nicht in das Eigentum des Klägers gelangt sei.

Gegen dieses Urteil hat der Kläger Berufung eingelegt. Er verlangt nunmehr hilfsweise noch die Feststellung, daß er Eigentümer des streitigen Neulandes sei, und behauptet jetzt, das Vorland verdanke seinen Ursprung Anlandungen, die durch Unterhaltungsarbeiten am Ufer des Köhlbrands entstanden seien, und gehöre ihm daher nach § 140 Abs. 1 WG. Die Beklagte verbleibt demgegenüber dabei, daß das Neuland im wesentlichen durch künstliche Anschüttungen entstanden sei, und vertritt überdies die Auffassung, daß für die Entscheidung der Frage, ob durch die Strombauwerke Anlandungen in der streitigen Parzelle entstanden seien, die Wasserpolizeibehörde gemäß § 147 WG. ausschließlich zuständig sei.

Das Berufungsgericht hat die Berufung zurückgewiesen; es verneint die Zulässigkeit des Rechtswegs, weil sowohl der Anspruch des Klägers auf Besitzeinräumung als auch die Frage, ob das Neuland durch Anlandungen im Sinne des § 140 Abs. 1 WG. oder durch Anschüttungen entstanden sei, ausschließlich von der Wasserpolizeibehörde zu beurteilen sei. Mit der hiergegen eingelegten Revision verfolgt der Kläger sein Klagebegehren weiter.

Unter Zurückweisung der Revision im übrigen ist das Berufungsurteil hinsichtlich des Feststellungsanspruchs aufgehoben und die Sache an das Berufungsgericht zurückverwiesen worden.

Aus den Gründen:

I.

Für den vom Kläger gestellten Hauptantrag auf Herausgabe des streitigen Uferstücks und Wegschaffung der auf diesem Grundstück aufgefahrenen Steine verneint das Berufungsgericht unter Hinweis auf § 147 WG. die Zulässigkeit des Rechtswegs. Da es sich mithin um die Unzulässigkeit des Rechtswegs handelt, ist die Revision insoweit nach § 30 Nr. 1 der Verordn ung vom 17. November 1947 (VOBl. BZ. S. 149) zulässig.

Die Revision ist jedoch insoweit nicht begründet. Der Hauptantrag des Klägers stützt sich zwar auf das von ihm behauptete Eigentum an dem Uferstück; er verlangt Herausgabe und Beseitigung von Beeinträchtigungen, so daß hierin die Geltendmachung von Ansprüchen aus den §§ 985, 1004 BGB. erblickt werden könnte, für die nach § 13 GVG. der Rechtsweg offenstehen würde. Da der Kläger jedoch im zweiten Rechtszuge sein Eigentum nicht mehr aus § 17 Abs. 1, sondern ausschließlich aus § 140 Abs. 1 des Preußischen Wassergesetzes vom 7. April 1913 hergeleitet hat, das nach den §§ 1, 10 des Reichsgesetzes über Groß-Hamburg und andere Gebietsbereinigungen vom 26. Januar 1937 (RGBl. I S. 91) in dem hier in Betracht kommenden Gebietsteil des Landes Hamburg in Geltung geblieben ist, kommen solche Ansprüche nicht in Frage, denn nach § 140 Abs. 3 darf der Anlieger, der nach Abs. 1 Eigentümer einer infolge der Unterhaltungsarbeiten entstandenen Anlandung geworden ist, diese nur mit Zustimmung des Unterhaltungspflichtigen, der kraft Gesetzes den Besitz und die Nutzung hat (Abs. 2), in Besitz und Nutzung nehmen; nur dann kann er die Zustimmung zur Inbesitznahme verlangen, wenn die Anlandungen reif oder die zur Erreichung dieses Zieles erforderlichen Arbeiten eingestellt sind oder der Unterhaltungspflichtige die Befugnis, sie reif zu machen, nicht ausübt, und nur gegen Erstattung des Wertes der Anlandungen. Das Berufungsgericht hat, ohne sich hierüber näher auszusprechen, den Klageantrag im Sinne eines solchen Anspruchs auf Zustimmung zur Inbesitznahme gedeutet, da es bemerkt, daß „für den Hauptantrag der Klägers auf Einräumung des Besitzes (und damit verbunden des Wegschaffens der Steine) ohne jedes Bedenken die Vorschrift des § 147 WG. gelte"; eine solche Deutung läßt bei der gegebenen Rechtslage keinen Rechtsirrtum erkennen. Für einen Anspruch aus § 140 Abs. 3 Satz 2 WG. aber verneint das Berufungsgericht zutreffend die Zulässigkeit des Rechtswegs, denn nach § 147 Abs. 2 verfügt die Wasserpolizeibehörde im Falle von Streitigkeiten nach den §§ 135—145, und die nach § 140 Abs. 3 zu erstattenden Beträge werden im Streitfalle durch Beschluß des Regierungspräsidenten festgesetzt (§ 148 Abs. 1); für die Entscheidung des Streites über den Besitz und die Nutzung von Anlandungen sind daher ausschließlich die Verwaltungsbehörden zuständig (zu vgl. RGZ. Bd. 33 S. 331 [334 ff.]; Bd. 71 S. 63 [68]; Urteil des Reichsgerichts vom 15. 12. 1915 — V 254. 195 — in Sachen H. ./. Preußischen Fiskus; PrOVG. Bd. 77 S. 359 [362 f.]; Born, PrWG. S. 164; Holtz — Kreutz — Schlegelberger, PrWG. S. 657). Hieran kann auch der Hinweis der Revision nichts ändern, daß es sich bei dem Herausgabeanspruch in Wirklichkeit nicht um den Besitz des Uferstücks, sondern um das Eigentum an ihm handele, denn der Kläger hat mit dem auf § 140 WG. gestützten Hauptantrage auf Herausgabe einen Anspruch auf Einräumung des Besitzes geltend gemacht, der im Rahmen des § 140 sinngemäß nur als Anspruch auf Zustimmung zur Inbesitznahme (Abs. 3 Satz 2) aufgefaßt werden kann, zumal der Kläger sein Interesse an der Feststellung seines Eigentums mit seinem Hilfsantrage gesondert verfolgt hat. Für das Berufungsgericht lag unter diesen Umständen kein Anlaß vor, gemäß § 139 ZPO. auf die Stellung eines sachdienlichen Antrags hinzuwirken.

II.

Den vom Kläger im zweiten Rechtszuge hilfsweise gestellten Antrag auf Feststellung seines Eigentums an dem streitigen Uferstück hat das Berufungsgericht mit der Begründung abgewiesen, daß durch die Wasserpolizeibehörde nach § 147 Abs. 2 WG. auch die der Eigentumsfrage vorangehende Vorfrage zu entscheiden sei, ob das Neuland durch Anlandungen im Sinne des § 140 Abs. 1 WG. oder durch Anschüttungen entstanden sei. Es hat dabei erwogen, ob wegen des vom Kläger gestellten Hilfsantrags der Rechtsstreit bis zur Entscheidung der Wasserpolizeibehörde auszusetzen sei, von einer Aussetzung jedoch abgesehen, weil bei der Stellungnahme der Beklagten nach erfolgter Entscheidung der Wasserpolizeibehörde für die beantragte Feststellung kein Rechtsschutzbedürfnis bestehe. Der Vorderrichter will anscheinend zwar für den Anspruch des Klägers auf Feststellung seines Eigentums an dem Uferstück die Zulässigkeit des Rechtswegs bejahen, er verneint diese aber für die Vorfrage, ob das Neuland durch Anlandungen im Sinne des § 140 Abs. 1 WG. entstanden ist. Hiernach beruht die Abweisung der hilfsweise erhobenen Feststellungsklage darauf, daß das Berufungsgericht für die insoweit zu entscheidende Vorfrage den Rechtsweg nicht als gegeben ansieht; es handelt sich daher auch hierbei im Sinne des § 30 Nr. 1 der VO. vom 17. November 1947 um die Unzulässigkeit des Rechtswegs (zu vgl. auch RGZ. Bd. 12 S. 70; JW. 1896 S. 209 Nr. 34). Das muß umso mehr gelten, als mit der Entscheidung der Frage, ob das Neuland durch Anlandungen im Sinne des § 140 Abs. 1 WG. entstanden ist, auch die Eigentumsfrage entschieden ist, denn diese Entscheidung ergibt sich nach Beantwortung der Vorfrage ohne weiteres aus § 140 Abs. 1. Die Revision ist daher gemäß § 30 Nr. 1 der Verordnung vom 17. November 1947 auch insoweit zulässig, als sie sich gegen die Abweisung der hilfsweise erhobenen Feststellungsklage richtet.

Die Revision ist insoweit auch begründet. Das Berufungsgericht stützt seine Auffassung, daß die Frage, ob es sich um Anlandungen im Sinne des § 140 Abs. 1 WG. oder um Anschüttungen handele, durch die Wasserpolizeibehörde zu entscheiden sei, auf folgende Erwägungen:

Aus der bisherigen Rechtsprechung und den Erläuterungswerken sei eine Entscheidung nicht zu entnehmen. Wenn aber mit Recht allgemeine Meinung sei, daß Streitigkeiten aus § 141 Abs. 3 WG., wo es sich um Verpachtung von Anlandungen handele, die sich noch im Besitze des Staates befänden, als privatrechtliche Streitigkeiten aus dem Kreise der §§ 135—145 WG. herausfielen und daher vor die ordentlichen Gerichte gehörten, so könne es keinem Zweifel unterliegen, daß die Streitigkeiten aus dem Kreise der §§ 135—145, die strompolizeiliche und daher öffentlich-rechtliche Bedeutung hätten, vor die in § 147 gesetzte Instanz gehörten. Wenn nun schon die Frage, ob die Anlandung im Sinne von § 140 Abs. 2—4 „reif" sei, von dieser Instanz zu entscheiden sei, so sei die Folgerung zwingend, daß damit auch die Vorfrage, ob überhaupt eine Anlandung vorliege, von der gleichen Instanz zu entscheiden sei. Das Gegenteil könne auch nicht aus dem Wortlaut des § 147 WG. hergeleitet werden.

Mit Recht werden diese Ausführungen von der Revision beanstandet. Zuzustimmen ist dem Berufungsgericht allerdings darin, daß seiner Auffassung der Wortlaut des § 147 WG. nicht entgegensteht. Wenn hier gesagt wird, daß im Falle von Streitigkeiten die Wasserpolizeibehörde „verfüge", so bedeutet das nicht, daß ihrer Zuständigkeit die Entscheidung von Streitigkeiten und ihr dienende tatsächliche Feststellungen schlechthin entzogen seien; der Absatz 2 des § 147 bezieht sich auch nicht nur auf die Angelegenheiten des Abs. 1 und damit, wie die Revision meint, nur auf Streitigkeiten, die aus der Durchführung der im Abs. 1 erwähnten „Maßnahmen" entstehen. Hieraus folgt aber nicht, daß für die Entscheidung, ob eine Anlandung im Sinne des § 140 Abs. 1 vorliegt, der Rechtsweg ausgeschlossen ist. Eine solche Folgerung kann sich auch nicht daraus ergeben, daß für Streitigkeiten aus § 141 Abs. 3 WG., wonach im Falle einer Verpachtung der Anlandungen bei gleichem Gebote dem Eigentümer oder Nutzungsberechtigten des Ufergrundstücks der Vorzug zu geben ist, der Rechtsweg offen steht (Pr. OVG. Bd. 77 S. 367). Ebensowenig zwingt der Umstand, daß bei einem Streit über das Recht des Anliegers auf Zustimmung des Unterhaltspflichtigen zur Inbesitznahme des Neulandes die Wasserpolizeibehörde über die

„Reife" einer Anlandung zu entscheiden hat (Pr. OVG. Bd. 43 S. 274; Bd. 69 S. 343 [345 f.]), zu dem Schlusse, daß im Rahmen eines Streits über das Eigentum an dem Neuland die Frage, ob das Neuland durch Anlandungen im Sinne des § 140 Abs. 1 entstanden ist, der Entscheidung des ordentlichen Gerichtes entzogen ist.

Der Anspruch des Klägers auf Feststellung seines Eigentums an dem streitigen Uferstück ist ein bürgerlich-rechtlicher Anspruch und gehört daher nach § 13 GVG. vor die ordentlichen Gerichte, sofern für ihn nicht die Zuständigkeit einer Verwaltungsbehörde begründet ist. Als eine solche käme hier nur die Wasserpolizeibehörde in Frage. Dafür, daß § 147 Abs. 2 in Verbindung mit § 140 WG. den Streit über das Eigentum an dem Neulande der ordentlichen Gerichtsbarkeit habe entziehen wollen, ergibt sich aus dem Gesetze kein Anhaltspunkt, denn das strompolizeiliche Interesse, aus dem heraus die Wasserpolizeibehörde im Rahmen des § 140 WG. zur Entscheidung von Streitigkeiten berufen ist, bezieht sich nur auf die Frage, wem der Besitz und die Nutzung der Anlandungen zusteht, nicht aber darauf, wer ihr Eigentümer ist. In Rechtsprechung und Schrifttum herrscht daher Einigkeit darüber, daß der Rechtsweg gegeben ist, wenn nicht über das auf § 140 WG. beruhende öffentliche Besitz- und Nutzungsrecht, sondern über das privatrechtliche Eigentum an den Anlandungen gestritten wird (Pr. OVG. Bd. 69 S. 343 [346]; RGZ. Bd. 87 S. 26; Bd. 131 S. 60; Holtz-Kreutz-Schlegelberger S. 657); auch das Berufungsgericht will die Richtigkeit dieser Auffassung anscheinend nicht in Zweifel ziehen. Ist aber das ordentliche Gericht zur Entscheidung des Streits über das Eigentum an dem Neuland berufen, so hat es damit auch die Vorfrage zu entscheiden, ob das Neuland durch Anlandungen im Sinne des § 140 Abs. 1 WG. oder durch Anschüttungen entstanden ist. Anders wäre es nur, wenn ihm die Entscheidung dieser tatsächlichen Vorfrage durch das Gesetz entzogen wäre. Zu einer solchen Annahme besteht aber kein Anlaß, denn zu den Fragen, deren Entscheidung von strompolizeilichem Interesse und daher durch § 147 Abs. 2 in Verbindung mit § 140 WG. der Strompolizeibehörde übertragen ist, gehört nicht die, ob das Neuland durch Anlandungen oder durch Anschüttungen entstanden ist.

Ebensowenig wie diese Frage im Falle des § 17 Abs. 1 WG., der die durch allmähliche Anspülung entstehenden Anlandungen betrifft, der Entscheidung des ordentlichen Gerichts entzogen ist, kann ihr im Falle des § 140 Abs. 1 der Rechtsweg verschlossen sein. Daher hat auch das Reichsgericht mit Recht diese Frage wiederholt in den Kreis sachlicher Erörterungen einbezogen (RGZ. Bd. 87 S. 26 [31]; Bd. 131 S. 60 [61 f.]; HRR. 1934 Nr. 1619). Eine andere Frage ist die, ob das ordentliche Gericht auch dann zu entscheiden hat, wenn Anlieger und Unterhaltungspflichtiger darüber einig sind, daß das Neuland durch Anlandungen entstanden ist, und der Streit nicht um das Eigentum, sondern nur darum geht, ob die Anlandungen durch allmähliche Anspülung (§ 17 Abs. 1 WG.) oder infolge von Unterhaltungsarbeiten (§ 140 Abs. 1 WG.) entstanden sind; diese Frage braucht hier jedoch nicht erörtert zu werden, weil zwischen den Parteien unstrittig ist, daß nur Anlandungen im Sinne des § 140 Abs. 1 WG. in Betracht kommen.

---

4. 1. Zur Rechtswirksamkeit einer während der Geltungsdauer der Britischen Zonenanweisung Nr. 14 und der Anweisung für Oberlandesgerichtspräsidenten und Oberpräsidenten Nr. 10 von einem Oberlandesgerichtspräsidenten verkündeten Verordnung ist eine Angabe, daß der Erlaß der Verordnung auf einer Ermächtigung oder Anordnung der Militärregierung beruht, nicht erforderlich.

2. Auch nach Erlaß der Verordnung der Oberlandesgerichtspräsidenten der Britischen Zone über die Aufhebung erbrechtlicher Vorschriften ist das Nachlaßgericht zur Entscheidung über Erbregelungsanträge sachlich zuständig geblieben; Entscheidungen der Nachlaßgerichte über Erbregelungsfragen sind daher, auch wenn sie im Widerspruch zu der Verordnung der Oberlandesgerichtspräsidenten stehen, nicht unwirksam im Sinne des § 32 FGG., sondern nur mit den im Erbregelungsverfahren vorgesehenen Rechtsmitteln anfechtbar.

3. Nimmt der Notar Nachlaßgegenstände für noch nicht feststehende Erben in Verwahrung, so ist er, sofern etwas anderes nicht vereinbart ist, dem durch

einen rechtskräftigen Beschluß des Nachlaßgerichts ausgewiesenen Erben zur Herausgabe der Nachlaßgegenstände verpflichtet.

Verordnung der Oberlandesgerichtspräsidenten der Britischen Zone über die Aufhebung erbrechtlicher Vorschriften, Zonenanweisung Nr. 14, Anweisung an Oberlandesgerichtspräsidenten und Oberpräsidenten Nr. 10, FGG. § 32, BGB. § 688 ff.

I. Zivilsenat. Urt. v. 14. April 1949 i. S. W. (Kl.) w. Ue. (Bekl.). I ZS 228/48.

I. Landgericht Wuppertal.
II. Oberlandesgericht Düsseldorf.

Am 30. Mai 1943 fanden die Ehefrau des Klägers und sein Schwiegervater sowie dessen zweite Ehefrau bei einem Luftangriff gemeinsam den Tod. In einer letztwilligen Verfügung hatten der Schwiegervater und seine Frau sich gegenseitig zu Erben eingesetzt; Erbe des Längstlebenden von ihnen sollte die Ehefrau des Klägers sein. Infolge des gleichzeitigen Todes der eingesetzten Erben wurden eine Schwester und die Abkömmlinge vorverstorbener Geschwister des Schwiegervaters dessen gesetzliche Erben.

Der Kläger stellte am 16. Januar 1946 beim Nachlaßgericht den Antrag, die Erbfolge nach seinem Schwiegervater auf Grund der Erbregelungsverordnung vom 14. Oktober 1944 dahin zu regeln, daß der Kläger als alleiniger Erbe seines Schwiegervaters zu gelten habe.

Das Nachlaßgericht hat durch einen am 27. Juni 1946 erlassenen Beschluß dem Antrage des Klägers entsprochen. Gegen diesen Beschluß, der sowohl dem Kläger als auch sämtlichen gesetzlichen Erben zugestellt wurde, wurde eine sofortige Beschwerde gemäß § 5 der Erbregelungsdurchführungsverordnung innerhalb der Beschwerdefrist nicht eingelegt, so daß der Beschluß rechtskräftig geworden ist.

Bevor der Beschluß des Nachlaßgerichts erging, wurde durch den Oberlandesgerichtspräsidenten in Düsseldorf die Verordnung für die Aufhebung erbrechtlicher Vorschriften vom 1. Mai 1946 erlassen. Diese Verordnung ist gleichlautend auch in sämtlichen übrigen Oberlandesgerichtsbezirken der Britischen Zone ergangen. Nach dieser Verordnung war die Erbregelungsverordnung in Zukunft nicht mehr anzuwenden.

Der Kläger verlangt von dem beklagten Notar, der auf seine Veranlassung Nachlaßgelder und Versicherungspapiere über Lebensversicherungen des Erblassers für dessen Erben in Verwahrung genommen hat, Zahlung bzw. Herausgabe. Das Landgericht hat der Klage entsprochen, da es sich an den rechtskräftigen Beschluß des Nachlaßgerichts vom 27. Juni 1946 gebunden sieht; auf die Berufung des Beklagten hat das Oberlandesgericht die Klage abgewiesen, weil infolge Aufhebung der Erbregelungsverordnung durch die Verordnung des Oberlandesgerichtspräsidenten in Düsseldorf dem Nachlaßgericht die sachliche Zuständigkeit für eine Erbregelung fehlte und daher der trotzdem erlassene Beschluß auch ohne ausdrückliche Aufhebung unwirksam sei. Mit der Revision verlangt der Kläger die Wiederherstellung des landgerichtlichen Urteils.

Aus den Gründen:

1. Die Revision hält die Verordnung des Oberlandesgerichtspräsidenten in Düsseldorf für rechtsunwirksam, weil sie auf Grund einer Einzelermächtigung der Militärregierung erlassen, diese Ermächtigung aber, was zur Rechtswirksamkeit der Verordnung erforderlich sei, durch den in den Eingangsworten enthaltenen Hinweis auf die Zustimmung der Militärregierung nicht ausreichend zum Ausdruck gekommen sei, sondern hierzu der Gebrauch der Worte „mit Ermächtigung" oder „auf Anordnung" der Militärregierung erforderlich gewesen sei.

Die Revision verkennt die in der damaligen Zeit bestehende Rechtslage. Als die Verordnung des Oberlandesgerichtspräsidenten in Düsseldorf erging, waren die Gesetzgebungsbefugnisse deutscher regionaler und örtlicher Regierungsbehörden und der deutschen Justizbehörden in der Britischen Zone durch die Zonenanweisung Nr. 14 vom 14. März 1946 geregelt. Nach dieser Anweisung (Ziff. 4) waren Gesetzgebungsbefugnisse teils dem aus den Oberlandesgerichtspräsidenten der Britischen Zone bestehenden juristischen Zentralausschuß und dem aus je einem Vertreter der Oberlandesgerichtsbezirke bestehenden Unterausschuß unter der Aufsicht der Legal Division, teils den deutschen regionalen und örtlichen Regierungsbehörden unter der Aufsicht der zuständigen Abteilung der Kontrollkommission gemäß einer Anweisung an Oberlandesgerichtspräsidenten und Oberpräsidenten verliehen. Nach der zuletzt genannten Anweisung, die die Bezeichnung „Anweisung für Oberlandesgerichtspräsidenten und Oberpräsidenten Nr. 10 (Gesetzgebungsbefugnisse deutscher Verwaltungs- und Justizbehörden)" trägt, sind die Gesetzgebungsbefugnisse, soweit sie für die Verordnung der Oberlandesgerichtspräsidenten in Betracht kommen, folgendermaßen geregelt: Die Gesetzesinitiative in Angelegenheiten, welche vor dem Zusammenbruch ausschließlich dem Reichsjustizministerium vorbehalten waren, wurde für die Britische Zone mit Genehmigung der Legal Division von dem Zentralrechtsausschuß bzw. den Oberlandesgerichtspräsidenten der Britischen Zone wahrgenommen (Ziff. 4a). Für den Entwurf von Gesetzen auf dem in Frage stehenden Gebiet war der Unterausschuß verantwortlich (Ziff. 6a). Nach Genehmigung durch die Rechtsabteilung der Kontrollkommission waren die Gesetze von den Oberlandesgerichtspräsidenten, und zwar von jedem für seinen eigenen Oberlandesgerichtsbezirk, zu verkünden (Ziff. 7a). Mit welchem Hinweis der Oberlandesgerichtspräsident die von der Militärregierung genehmigten Gesetze zu verkünden hatte, war weder in der Anweisung Nr. 10 noch in der Zonenanweisung Nr. 14 bestimmt. Das deutsche Recht kennt keine allgemeine Bestimmung, daß die Bekanntmachungsformel zum Ausdruck zu bringen hat, daß die Vorbedingungen für den wirksamen Erlaß eines Gesetzes oder einer Verordnung erfüllt sind. In der Zeit des Kaiserreichs ist die übrigens nicht unbestrittene Auffassung vertreten worden, daß in der Verkündungsformel die erfolgte Genehmigung des Bundesrats und des Reichstags zu erwähnen sei. Wenn an einem solchen, vom Obersten Gerichtshof in seiner Entscheidung OGHZ. Bd. 1 S. 93—96 abgelehnten Erfordernis festgehalten werden sollte, so würde zweifellos die streitige Verordnung, die in ihren Eingangsworten ausdrücklich die Zustimmung der Militärregierung erwähnt, ihm genügen.

Die Verordnung des Oberlandesgerichtspräsidenten in

Düsseldorf ist unter dem 1. Mai 1946 erlassen und im Justizblatt für den Oberlandesgerichtsbezirk Düsseldorf vom 15. Mai 1946 veröffentlicht worden. Da in ihr eine besondere Bestimmung über den Zeitpunkt ihres Inkrafttretens nicht enthalten ist, so trat sie gemäß der Verordnung des Oberlandesgerichtspräsidenten des Oberlandesgerichtsbezirks Düsseldorf vom 28. Januar 1946 zwei Wochen nach dem Tage ihrer Verkündung im Justizblatt in Kraft, so daß, als das Nachlaßgericht seinen Beschluß vom 27. Juni 1946 erließ, die Verordnung bereits in Geltung war.

2. Das Nachlaßgericht war somit verpflichtet, bei der von ihm vorgenommenen Erbregelung die Verordnung anzuwenden. Es fragt sich, ob ein etwaiger Verstoß hiergegen die Entscheidung unwirksam im Sinne des § 32 FGG. macht oder ob die Entscheidung wegen eines etwaigen Verstoßes nur mit dem gegen eine solche Entscheidung vorgesehenen Rechtsmittel angefochten und gegebenenfalls von der höheren Instanz aufgehoben werden konnte, so daß, wenn eine Anfechtung innerhalb der Rechtsmittelfrist unterblieb, die Entscheidung voll rechtswirksam wurde.

Nach § 1 der Erbregelungsdurchführungsverordnung richtet sich das Verfahren des Nachlaßgerichts zur Regelung des Nachlasses nach den Vorschriften der freiwilligen Gerichtsbarkeit. Die Frage der Rechtswirksamkeit der ergangenen Entscheidung ist demnach entsprechend den Grundsätzen zu beantworten, die Rechtslehre und Rechtsprechung auf dem Gebiete der freiwilligen Gerichtsbarkeit entwickelt haben. Diese Grundsätze stellen es entsprechend der Bestimmung des § 32 FGG. darauf ab, ob das Gericht der freiwilligen Gerichtsbarkeit sachlich zu einer Entscheidung einer Angelegenheit der fraglichen Art zuständig ist (vgl. insbesondere Hellwig System des Zivilprozeßrechts § 23 I; Schlegelberger Freiwillige Gerichtsbarkeit, Anm. 7 zu § 7; Jastrow-Günther Anm. 3 zu § 7).

Zweifellos war das Nachlaßgericht ursprünglich gemäß § 1 der Erbregelungsverordnung zur Nachlaßregelung sachlich zuständig, so daß fehlerhafte Entscheidungen nur mit den ordentlichen Rechtsmitteln — nach § 5 Erbregelungsdurchführungsverordnung mit der sofortigen Beschwerde — angefochten werden konnten. Es fragt sich, ob dem Nachlaßgericht die sachliche Zuständigkeit für eine Entscheidung dadurch genommen wurde, daß durch die Verordnung des Oberlandesgerichtspräsidenten bestimmt wurde, daß die Erbregelungsverordnung in Zukunft nicht mehr anzuwenden sei. Gegen die Entziehung der sachlichen Zuständigkeit spricht, daß die Verordnung des Oberlandesgerichtspräsidenten trotz ihrer Überschrift nur eine Nichtanwendung in der Zukunft anordnet, und zwar lediglich der Erbregelungsverordnung, während das Kontrollratsgesetz Nr. 37, das am 5. November 1947 in Kraft trat, eine Aufhebung und zwar nicht nur der Erbregelungsverordnung, sondern auch der Erbregelungsdurchführungsverordnung anordnet. Aber abgesehen davon ist durch die Anordnung der zukünftigen Nichtanwendung der Erbregelungsverordnung, ohne daß eine andere Stelle zur Entscheidung über etwaige Erbregelungsverfahren bestimmt wurde, dem Nachlaßgericht nicht die Zuständigkeit genommen worden, über die ihm vorliegenden wie auch etwa neu eingehenden Anträge auf Erbregelung entsprechend den nunmehr geltenden Bestimmungen der Verordnung des Oberlandesgerichtspräsidenten zu entscheiden. So blieb zweifellos das Nachlaßgericht zu einer Entscheidung zuständig, wenn ein bisher zulässig gewesener Erbregelungsantrag nach Inkrafttreten der Verordnung aufrechterhalten wurde. Auch blieb die Sache beim Nachlaßgericht noch anhängig, wenn gegen eine bei Inkrafttreten der Verordnung noch nicht rechtskräftige Erbregelung eine sofortige Beschwerde erhoben wurde. In diesen Fällen hat das Nachlaßgericht sachlich zu entscheiden, so daß schon aus diesem Grunde die Auffassung nicht haltbar ist, daß das Nachlaßgericht zu Entscheidungen in Erbregelungssachen nicht mehr zuständig ist. Hinzu kommt, daß der Kontrollrat in seinem Gesetz Nr. 37 eine ausdrückliche Bestimmung in dem Sinne für erforderlich gehalten hat, daß die Aufhebung der Erbregelungsverordnung auch für bereits bei Verkündung des Kontrollratsgesetzes laufende Verfahren zu gelten habe. Zu berücksichtigen ist schließlich noch, daß auch nach Aufhebung der Erbregelungsverordnung eine Tätigkeit des Nachlaßgerichts in Frage kommen kann, z. B. gemäß § 6 der Erbregelungsdurchführungsverordnung für die Stellung von Berichtigungsersuchen oder gemäß § 7 für die Erteilung vollstreckbarer Ausfertigungen.

War somit zum Erlaß einer Entscheidung in dem hier vorliegenden Erbregelungsverfahren das Nachlaßgericht sachlich zuständig, so ist seine Entscheidung nicht im Sinne des § 32 FGG. unwirksam. Dann ist sie aber, nachdem sie durch Nichteinlegung von Rechtsmitteln rechtskräftig geworden ist, auch voll rechtswirksam und für das Prozeßgericht bindend, ohne daß die Möglichkeit einer Prüfung der materiellen Richtigkeit der Entscheidung durch das Prozeßgericht besteht (vgl. hierzu RGZ. Bd. 81 S. 206, Bd. 158 S. 159 und Bd. 164 S. 176).

Wenn der Beklagte meint, daß die Geltendmachung des Erbrechts durch den Kläger gegen die guten Sitten verstoße, so scheitert diese Auffassung schon daran, daß keinerlei Tatsachen festgestellt sind, die einen Schluß darauf zulassen, daß der Kläger in irgend einer gegen die guten Sitten verstoßenden Weise die Entscheidung des Nachlaßgerichts herbeigeführt hat. Die Tatsache, daß die Erbregelungsverordnung durch den Kontrollrat aufgehoben ist, zwingt keineswegs zu dem Schluß, daß die Anwendung der Erbregelungsverordnung immer zu sittlich nicht zu rechtfertigenden Ergebnissen führt. Dagegen spricht schon die Tatsache, daß sowohl die Oberlandesgerichtspräsidenten, als auch der Kontrollrat, die Erbregelungsverordnung nur in Zukunft für nicht mehr anwendbar erklärt haben, dagegen die bereits vor dem Inkrafttreten ihrer Verordnungen bzw. des Kontrollratsgesetzes endgültig geregelten Fälle unberührt lassen. Im vorliegenden Falle kommt noch hinzu, daß die Mehrzahl der gesetzlichen Erben, und zwar solche mit Erbteilen von insgesamt $^3/_4$ des Nachlasses, ihre Zustimmung zu der vom Nachlaßgericht vorgenommenen Regelung gegeben haben und daß in dem Erbregelungsverfahren nur ein einziger gesetzlicher Erbe mit einem Erbanteil von nur $^1/_8$ ausdrücklich der vorgesehenen Regelung widersprochen hat.

3. Schließlich ist auch die Einwendung des Beklagten, daß er passiv nicht legitimiert sei, nicht berechtigt. Der Beklagte ist im Besitz der zum Nachlaß gehörenden, mit der Klage herausverlangten Gegenstände. Er hat diese auf Veranlassung des Klägers für die Erben seines

Schwiegervaters in Verwahrung genommen. Auf Grund des so geschlossenen Verwahrungsvertrages ist der Beklagte verpflichtet, demjenigen die verwahrten Gegenstände herauszugeben, der sich als der berechtigte Erbe ausweist. Der Kläger hat dem Beklagten den rechtskräftigen Beschluß des Nachlaßgerichts vorgelegt. Ein solcher Beschluß reicht zur Legitimation des Klägers aus. Wenn der Beklagte meint, daß, wenn verschiedene Parteien Ansprüche auf die in seiner Verwahrung befindlichen Gegenstände erheben, er trotz des rechtskräftigen Beschlusses des Nachlaßgerichts die Nachlaßgegenstände nur herauszugeben verpflichtet sei, wenn sämtliche Beteiligte ihr Einverständnis dazu gegeben haben oder hierzu verurteilt seien, so übersieht er, daß eine solche Rechtsfolge nur eintreten kann, wenn eine entsprechende Vereinbarung mit dem Kläger als Hinterleger der Gegenstände getroffen worden ist. Dies ist aber nicht geschehen. Eine Vereinbarung solchen Inhalts ergibt sich auch nicht aus den Umständen, unter denen die Hinterlegung bei dem Beklagten erfolgte. Im Gegenteil lassen diese nur einen Schluß darauf zu, daß mit der Vorlage eines rechtskräftigen Beschlusses des Nachlaßgerichts die Herausgabepflicht für den Beklagten als Notar gegeben war.

---

5. 1. Art. 3 MilRegG. Nr. 1 hebt die in der Zeit der nationalsozialistischen Herrschaft ergangenen Gesetze nicht allgemein auf, sondern verbietet nur die Auslegung oder Anwendung dieser Gesetze nach nationalsozialistischen Lehren; ein Gesetz ist danach aber nicht mehr anwendbar, wenn sein Inhalt nur eine Anwendung nach nationalsozialistischen Lehren zuläßt.

2. Sind dagegen die Erwägungen, aus denen ein Gesetz geschaffen wurde, typisch nationalsozialistischer Art, nicht dagegen der Inhalt des Gesetzes, so ist das Gesetz auch heute noch anwendbar; jedoch darf es nicht nach nationalsozialistischen Lehren ausgelegt oder angewendet werden.

3. § 1595a BGB. ist weder ausdrücklich aufgehoben, noch aus anderen Gründen unanwendbar. Sein Inhalt ist nicht typisch nationalsozialistisch, sondern auch mit heutigen Anschauungen vereinbar.

4. Die Erhebung der Anfechtungsklage gemäß § 1595a BGB. steht im pflichtmäßigen Ermessen des Staatsanwalts; einer richterlichen Nachprüfung unterliegt dieses Ermessen nicht.

Brit. MilRegG. Nr. 1; BGB. § 1595a.

II. Zivilsenat. Urt. v. 11. April 1949 i. S. D. (Bekl.) w. Gen.-Staatsanwalt (Kl.). II ZS 90/48.

I. Landgericht Bonn.
II. Oberlandesgericht Köln.

Aus den Gründen:

I.

Die Revision bestreitet nicht die Richtigkeit der von den Vorinstanzen getroffenen Feststellung, daß der Beklagte nicht das eheliche Kind des D. ist; sie wendet sich aber dagegen, daß die Vorinstanzen den § 1595a BGB. als geltendes Recht anerkannt und angewendet haben. Die von ihr in dieser Hinsicht erhobenen Rügen sind jedoch nicht begründet.

§ 1595a BGB., der durch das Familienrechtsänderungsgesetz vom 12. April 1938 geschaffen und durch die Verordnung über die Angleichung familienrechtlicher Vorschriften vom 6. Februar 1943 neu gefaßt worden ist, gibt dem Staatsanwalt das Recht, die Ehelichkeit eines Kindes anzufechten, wenn er dies im öffentlichen Interesse oder im Interesse des Kindes oder seiner Nachkommenschaft für geboten erachtet und wenn der Mann die Ehelichkeit des Kindes nicht innerhalb eines Jahres seit der Geburt des Kindes angefochten hat oder wenn er gestorben oder sein Aufenthalt unbekannt ist. Diese Vorschrift ist durch keine gesetzliche Bestimmung — insbesondere des Kontrollrats oder der britischen Militärregierung — ausdrücklich aufgehoben worden. Ihre Unanwendbarkeit ergibt sich auch nicht aus den allgemeinen Bestimmungen des Art. II des MilRegG. Nr. 1 und des Art. II des Kontrollratsgesetzes Nr. 1; denn für die Anwendung des § 1595a ist es unerheblich, ob die beteiligten Personen Beziehungen zur NSDAP. hatten, welcher Rasse oder welchem Staat sie angehören, welches Glaubensbekenntnis sie haben oder ob sie Gegner der NSDAP. waren. Ebenso wenig steht Art. III des MilRegG. Nr. 1 der Anwendung des § 1595a im Wege, denn er verbietet nur die Auslegung oder Anwendung deutschen Rechts nach nationalsozialistischen Lehren. Dieses Verbot kann zur Unanwendbarkeit eines Gesetzes führen, wenn dieses einen solchen Inhalt hat, daß es nur im Sinne nationalsozialistischer Lehren angewendet werden kann. Nach der amtlichen Begründung zu § 1595a (Deutsche Justiz 1938 S. 619) und den Ausführungen von Rexroth (ebenda S. 711) kann es zwar keinem Zweifel unterliegen, daß § 1595a in erster Linie aus typisch nationalsozialistischen Erwägungen geschaffen worden ist, nämlich um die Erforschung der blutsmäßigen Abstammung und damit der Rassen- und Sippenzugehörigkeit, entsprechend der nationalsozialistischen Rassenlehre, sicherzustellen und die Klarstellung dieser Verhältnisse dem Belieben des Ehemannes der Mutter oder, wenn dieser ohne Verlust seines Anfechtungsrechts gestorben war, dem dritter Personen zu entziehen. Der Umstand allein, daß § 1595a nationalsozialistischen Gedankengängen seinen Ursprung verdankt, kann jedoch diese Vorschrift nicht unanwendbar machen. Hiervon könnte nur die Rede sein, wenn auch ihr Inhalt typisch nationalsozialistisch wäre; das ist aber nicht der Fall. Daß dem Staatsanwalt das Recht eingeräumt wird, die Ehelichkeit eines Kindes im öffentlichen Interesse oder in dem des Kindes oder seiner Nachkommenschaft anzufechten, wenn der Ehemann der Mutter dies nicht getan hat oder nicht tun kann, ist kein typisch nationalsozialistischer Gedanke. Er ist weder der Ausfluß eines totalitären Regierungssystems, noch braucht er der Verwirklichung einer nationalsozialistischen Rassenpolitik zu dienen. Allerdings darf § 1595a — ebenso wie jedes andere Gesetz — nicht nach nationalsozialistischen Lehren ausgelegt und angewendet werden; das wird aber auch durch seinen Inhalt nicht erfordert, vielmehr kann er unschwer in einer den heutigen Auffassungen entsprechenden Weise ausgelegt und angewendet werden.

Die Abstammung eines Menschen ist auch nach heutiger Anschauung in ethischer und rechtlicher Beziehung von erheblicher Bedeutung. In rechtlicher Beziehung gilt dies namentlich für Fragen des Unterhalts und des Erbrechts. Daher finden sich Vorschriften über die Anfechtung der Ehelichkeit in den meisten modernen Rechtsordnungen, und auch die vor 1933 in Deutschland in Geltung gewesenen Gesetze haben eine Anfechtung der Ehelichkeit in den verschiedensten Formen gekannt. Nach der ursprünglichen Fassung des Bürgerlichen Gesetzbuchs stand das Anfechtungsrecht nur dem Ehemann der Mutter zu, der es grundsätzlich nur innerhalb eines Jahres ausüben konnte, nachdem er die Geburt des Kindes erfahren hatte; nur wenn er gestorben war, ohne das Anfechtungsrecht verloren zu haben, konnte jeder Dritte sich in jedem Verfahren, allerdings ohne Wirkung für und gegen andere, auf die Unehelichkeit des Kindes berufen. Vielfach wurde diese Regelung als unbefriedigend und daher die durch das Familienrechtsänderungsgesetz eingeführte Änderung als Fortschritt empfunden, wonach die Anfechtungsfrist für den Ehemann der Mutter erst mit dem Zeitpunkt beginnt, in dem er Kenntnis von den Umständen erlangt, die für die Unehelichkeit des Kindes sprechen. Die Frage, ob die Beteiligung des Staatsanwalts an der Anfechtung wünschenswert ist, wird allerdings nicht einheitlich beurteilt. Soweit Einwendungen hiergegen erhoben werden, gehen sie im allgemeinen dahin, daß der Ehemann der Mutter allein darüber zu entscheiden habe, ob er das Kind als ehelich anerkennen wolle oder nicht, und daß durch den Staatsanwalt nicht unnötigerweise der Familienfriede gestört und die Mutter des Kindes bloßgestellt werden dürfe. Solche Erwägungen liegen jedoch auf rechtspolitischem Gebiete und können vielleicht für den Gesetzgeber, nicht aber für den an das Gesetz gebundenen Richter von Bedeutung sein; keinesfalls können sie dartun, daß § 1595a typisch nationalsozialistischen Inhalt habe und deswegen heute unanwendbar sei. Im übrigen wird bei diesen Erwägungen übersehen, daß nicht allein der Ehemann, sondern auch die Kindesmutter und vor allen Dingen das Kind selbst ein schutzwürdiges Interesse an der Anfechtung haben kann — z. B. wenn die Kindesmutter nach Scheidung ihrer Ehe den Erzeuger des Kindes heiratet — und daß die Übertragung des Anfechtungsrechts auf den Staatsanwalt als eine über den Parteien stehende Stelle, der schon stets in Ehe- und Kindschaftssachen ein weitgehendes Mitwirkungsrecht zugestanden hat und noch zusteht (vgl. insbesondere die

§§ 607, 640, 652 ZPO.) und der neuerdings durch § 24 des Kontrollratsgesetzes Nr. 16 die Befugnis zur selbständigen Erhebung der Ehenichtigkeitsklage bestätigt worden ist, als eine auch nach heutiger Auffassung annehmbare Lösung angesehen werden kann. Die Befürchtung, daß der Staatsanwalt von seinem Anfechtungsrecht einen unangemessenen Gebrauch machen könne, ist in Anbetracht seiner Stellung und Bedeutung im modernen Rechtsleben nicht berechtigt, zumal in einem solchen Falle im Wege der Dienstaufsichtsbeschwerde Abhilfe erreicht und der Staatsanwalt zur Zurücknahme seiner Klage veranlaßt werden könnte. Es läßt sich auch nicht, wie die Revision dies tut, einwenden, daß es außer den heute nicht mehr in Frage kommenden Fällen der rassischen Einordnung des Kindes keine Fälle gebe, in denen ein öffentliches Interesse an der Anfechtung der Ehelichkeit bestehe. Ein solches öffentliches Interesse kann beispielsweise vorliegen, wenn — für die Öffentlichkeit erkennbar — eine Frau ein uneheliches Kind geboren hat, ihr Ehemann aber infolge Kriegsgefangenschaft sein Anfechtungsrecht nicht ausüben kann, so daß das Kind der Wahrheit zuwider als ehelich gilt; die Öffentlichkeit pflegt ja weitgehend Interesse an sittlich oder rechtlich nicht einwandfreien Verhältnissen zu nehmen, und Fälle, in denen ein uneheliches Kind als ehelich behandelt wird, erzeugen oft Unruhe in der Öffentlichkeit (vgl. auch Beitzke in SJZ. 1948 Sp. 248). Ein öffentliches Interesse muß auch dann bejaht werden, wenn das Kind Unterstützung aus öffentlichen Mitteln erhält, während sein unehelicher Erzeuger durchaus zahlungsfähig ist, oder wenn durch die Anfechtung der Ehelichkeit eine Legitimation des Kindes durch die nachfolgende Ehe der Mutter mit dem Erzeuger des Kindes ermöglicht wird; in diesen beiden Fällen würde das öffentliche Interesse sich auch mit dem des Kindes decken. Gewiß sind Fälle denkbar, in denen die Öffentlichkeit und die nächsten Verwandten der Eheleute nichts von der Unehelichkeit des Kindes wissen und eine Anfechtung der Ehelichkeit von den Eheleuten nicht gewünscht wird, auch nicht im Interesse des Kindes liegt. Es ist anzunehmen, daß in diesen Fällen auch der Staatsanwalt eine Anfechtung nicht für geboten ansehen und die Anfechtungsklage nicht erheben wird, zu deren Erhebung er ja nach

§ 1595a nur berechtigt, aber nicht verpflichtet ist. Sache der vorgesetzten Behörde der Staatsanwaltschaft ist es, dafür zu sorgen, daß von der durch § 1595a der Staatsanwaltschaft gegebenen Befugnis in möglichst einheitlicher Weise und nur in den Fällen Gebrauch gemacht wird, in denen dies wirklich geboten erscheint. Jedenfalls aber kann der Umstand, daß § 1595a die Erhebung der Anfechtungsklage in die Hand der Staatsanwaltschaft legt, nicht dazu führen, diese Vorschrift für unanwendbar zu erklären.

Die weitaus herrschende Anschauung in Rechtslehre und Rechtsprechung hält daher an der Weitergeltung des § 1595 a fest (vgl. insbesondere KG. SJZ. 1948 Sp. 262 mit zustimmender Anmerkung von Beitzke; OLG. Kiel SchleswHolstAnz. 1948 S. 46; Bekanntmachung des OLGPräs. Celle Hann. Rechtspfl. 1946 S. 70; AV. des OLGPräs. Kiel SchleswHolstAnz. 1946 S. 185; Clemens MDR. 1947 S. 221; Guggumos SJZ. 1948 S. 247; Habel JR. 1948 S. 176; nicht eindeutig Nathan NJ. 1948 S. 51). Angesichts dieser überwiegenden Auffassung und der Bedeutung des in Rede stehenden Problems wäre es Sache des Gesetzgebers gewesen, hier einzugreifen, wenn ihm die allgemein angenommene Weitergeltung des § 1595a rechtspolitisch bedenklich erschiene. Da dies nicht geschehen ist, kann davon ausgegangen werden, daß die Weitergeltung des § 1595a auch den Anschauungen und Zielen des heutigen Gesetzgebers nicht widerspricht.

II.

Die Revision meint ferner entgegen der herrschenden Ansicht (RGZ. Bd. 163 S. 156 ff. [164]; RGKomm. Anm. 2 B zu § 1595a; Palandt Anm. 1b zu § 1595a; Fischer-Rexroth in Pfundtner-Neubert, Anm. 6 zu Art. II des Familienrechtsänderungsgesetzes; Achilles-Greiff Anm. 8 zu § 1595a), jedoch in Übereinstimmung mit einer Entscheidung des Oberlandesgerichts Hamburg vom 17. 9. 1948 — 1 U 232/48 —, bei Anwendung des § 1595a BGB. habe das Gericht nachzuprüfen, ob der Staatsanwalt mit der Erhebung der Anfechtungsklage sein Ermessen mißbraucht habe; sie regt auch eine Prüfung der Frage an, ob das Gesetz nicht überhaupt eine gerichtliche Nachprüfung der Gründe zuläßt, aus denen der Staatsanwalt von seinem Anfechtungsrecht Gebrauch gemacht hat.

Auch dieser Angriff der Revision erweist sich als ungerechtfertigt. § 1595a bestimmt nicht, daß der Staatsanwalt die Ehelichkeit anfechten kann, wenn dies im öffentlichen Interesse oder im Interesse des Kindes oder seiner Nachkommenschaft liegt, sondern daß er anfechten kann, wenn er dies in dem öffentlichen Interesse oder im Interesse des Kindes oder seiner Nachkommenschaft für geboten erachtet. Die Entscheidung über die Frage, ob ein solches Interesse vorliegt und die Erhebung der Anfechtungsklage rechtfertigt, ist also ausschließlich dem pflichtmäßigen Ermessen der Staatsanwaltschaft übertragen worden. Einer richterlichen Nachprüfung unterliegt dieses Ermessen des Staatsanwalts hier ebenso wenig wie in den Fällen, in denen auf dem Gebiete des Strafrechts das öffentliche Interesse für Maßnahmen des Staatsanwalts von Bedeutung ist, wie z. B. für die Anklageerhebung bei Privatklagedelikten gemäß § 376 StPO. (vgl. hierzu Loewe-Rosenberg 19. Aufl. zu § 376 Anm. 4) und für die Anklageerhebung bei leichter oder fahrlässiger Körperverletzung gemäß § 232 StGB. (vgl. RG. DJ. 1940 S. 103) und wie früher bei der Mitwirkung des Staatsanwalts in bürgerlichen Rechtssachen (vgl. RGZ. Bd. 109 S. 146/147). Ein richterliches Nachprüfungsrecht kann auch nicht, wie das angeführte Urteil des Oberlandesgerichts Hamburg meint, aus einem „im wesentlichen anerkannten Nachprüfungsrecht gegenüber Akten der Verwaltung" hergeleitet werden; denn ein derartiges Nachprüfungsrecht gibt es — außer bei absolut nichtigen Verwaltungsakten — nicht (vgl. Ule ZJBl. 1949 S. 62 f.). Ein absoluter Nichtigkeitsgrund in dem in Rechtslehre und Rechtsprechung anerkannten Sinne kann aber nicht in der Erhebung einer Klage liegen, mit der ja lediglich die Herbeiführung einer gerichtlichen Entscheidung erstrebt wird; Ermessensfehler der Verwaltungsbehörde führen auch nach herrschender Auffassung nicht zur Nichtigkeit, sondern nur zur Anfechtbarkeit des fehlerhaften Verwaltungsaktes (vgl. Fleiner Institutionen des deutschen Verwaltungsrechts S. 207; Jellinek Verwaltungsrecht S. 279).

In dem Verfahren vor dem Gericht kommt es somit

lediglich darauf an, daß der Staatsanwalt als eine über den Parteien stehende Stelle eine Anfechtung aus den im Gesetz gegebenen Gründen für erforderlich hält, nicht dagegen darauf, daß diese Gründe auch nach der Auffassung des Gerichts vorliegen. Da die Frage der Abstammung sowohl im öffentlichen Interesse als auch im Interesse des Kindes oder seiner Nachkommenschaft liegen kann, ist mit der Erhebung einer Anfechtungsklage durch den Staatsanwalt auch die vom Gesetz verlangte Voraussetzung gegeben, daß der Staatsanwalt die Anfechtung im öffentlichen Interesse oder im Interesse des Kindes oder seiner Nachkommenschaft für geboten erachtet.

---

6. Berechnung des Streitwerts eines streitigen Pachtverhältnisses, wenn die maßgebliche Zeit teils vor, teils nach der Währungsumstellung liegt.

ZPO. § 8.

I. Zivilsenat. Beschluß v. 28. April 1949 i. S. N. (Bekl.) w. P. (Kl.). I ZS 38/49.

Aus den Gründen:

Die Parteien streiten über die Wirksamkeit eines Pachtvertrages über eine Mühle. Für den Streitwert ist daher der auf die gesamte streitige Zeit entfallende Pachtzins maßgebend (§ 8 ZPO.). Der Pachtvertrag ist für die Zeit vom 3. Dezember 1946 bis 30. Juni 1951 geschlossen. Der Pachtzins betrug monatlich 150 RM. Da die Rechnungseinheit Deutsche Mark nicht rückwirkend ab Vertragsschluß, sondern erst mit dem Inkrafttreten des Währungsgesetzes an die Stelle der Rechnungseinheit Reichsmark getreten ist, entsteht die Frage, zu welchem Wert der Pachtzins für die Zeit vor der Währungsumstellung anzusetzen ist.

Der Streitwert ist unabhängig davon, ob der Pachtzins bezahlt oder rückständig ist; für die Berechnung des Streitwerts bildet der Pachtzins nur einen Wertfaktor. Wenn auch dieser Wertfaktor selbst weder Geld noch Forderung ist und daher weder die Umstellung von Geld noch die einer Forderung oder eines Schuldverhältnisses in Frage steht, ist es, weil der Pachtzins nur die Höhe der — hier — auf Geld gerichteten Pachtforderung darstellt, gleichwohl gerechtfertigt, den Wert des Streitgegenstandes für den in die Reichsmarkzeit zurückreichenden Teil nach dem im Verhältnis 10:1 umgestellten Reichsmarkbetrage zu bemessen.

---

7. In einem Verfahren zur Auseinandersetzung einer Erbengemeinschaft über eine land- oder forstwirtschaftliche Besitzung gemäß § 86 ff. FGG. ist der Geschäftswert grundsätzlich entsprechend dem zuletzt festgestellten Einheitswert der Besitzung zu bestimmen, ohne Rücksicht auf die Leistungen, die der Erwerber an die Miterben zu entrichten hat.

LVR. § 2 Abs. 4, LVO. §§ 42, 44, KostO. § 18, Brit. MilRegVO. Nr. 84 Ziff. 17.

II. Zivilsenat. Beschluß v. 9. Mai 1949 i. S. W. (Rechtsbeschw.-Führer) w. W. (Rechtsbeschw.-Gegner). II BLw 12/49.

I. Amtsgericht Westerstede.
II. Oberlandesgericht Oldenburg.

Aus den Gründen:

Der am 18. September 1943 verstorbene Vater der Parteien war Eigentümer einer Landstelle in Größe von rund 4 ha. Der nach dem Stand vom 1. 1. 1943 festgestellte Einheitswert dieser Stelle beträgt 3 400 RM. Der Antragsteller hat beantragt, ihm im Wege des Auseinandersetzungsverfahrens gemäß § 86 ff. FGG. die Landstelle zu übertragen. Das Oberlandesgericht hat diesem Antrage entsprochen unter Auferlegung einer Altenteilspflicht und der Verpflichtung zur Auszahlung von Abfindungen.

Mit der Rechtsbeschwerde beantragt der Antragsgegner, die Wirtschaft zu einem angemessenen Preise ihm zu überlassen.

Für die Berechnung des Wertes des Beschwerdegegenstandes kommen gemäß § 2 Abs. 4 LVR. die Vorschriften des § 44 LVO. zur Anwendung. Für Erbauseinandersetzungsverfahren bestimmt § 44 Abs. 2, daß sich ihr Geschäftswert nach dem Wert der im Streit befindlichen Besitzung richtet. Was unter Wert zu verstehen ist, ist gemäß § 42 LVO. aus der Kostenordnung zu entnehmen.

Nach dieser (§ 18 Abs. 1) ist für die Bewertung von Grundbesitz regelmäßig der letzte Einheitswert maßgebend, der zur Zeit der Fälligkeit der Gebühren festgestellt ist.

Der Antragsgegner ist der Auffassung, daß nicht der Einheitswert mit 3 400 DM in Ansatz zu bringen sei, sondern ein Wert, der den vom Gericht für die Übertragung der Besitzung festgesetzten Leistungen des Antragstellers entspreche.

§ 44 LVO. regelt den Geschäftswert für die verschiedenen Arten von Verfahren, die nach der Verfahrensordnung für Landwirtschaftssachen möglich sind. Wenn man von den Verfahren absieht, die als Angelegenheiten ohne bestimmten Geschäftswert behandelt werden (vgl. § 44 Abs. 3, 5, 9 und 10) und von den Pachtschutzverfahren (§ 44 Abs. 6—8), bei denen der Wert der Leistungen des Pächters, begrenzt auf einen bestimmten Zeitraum, maßgebend ist, so ergibt sich ein grundlegender Unterschied zwischen den Genehmigungsverfahren (§ 44 Abs. 1) einerseits und den Erbauseinandersetzungsverfahren (Abs. 2) und den Verfahren, die den Übergang eines Hofes zum Gegenstand haben (Abs. 4) andererseits; während bei den Genehmigungsverfahren sich der Geschäftswert nach dem Werte bestimmt, der für die Gebührenberechnung im Falle der Beurkundung des Rechtsverhältnisses maßgebend sein würde, ist für das Erbauseinandersetzungsverfahren und die Verfahren, die den Übergang eines Hofes betreffen, der Wert des Hofes maßgebend.

Aus dieser verschiedenen gesetzlichen Regelung ergibt sich, daß es zwar bei den Genehmigungsverfahren nach § 1 Buchst. a LVO., nicht aber bei Erbauseinandersetzungsverfahren und Genehmigungsverfahren beim Übergabevertrag auch auf den Wert der Gegenleistungen des Erwerbers ankommt (vgl. § 19 KostO.). Maßgebend für die letzteren Verfahren ist lediglich der Wert der Besitzung. Dieser Wert ist entsprechend dem — übrigens in § 44 Abs. 4 Buchst. a ausdrücklich erwähnten — § 18 Abs. 1 der KostO. zu bestimmen (§ 42 LVO.), d. h. grundsätzlich nach dem Einheitswert (ebenso auch Fischer, Anm. zu § 44 Abs. 2 LVO.). Nur dann, wenn der Gegenstand des Verfahrens vom Gegenstand der Einheitsbewertung wesentlich abweicht oder wenn der Wert infolge bestimmter Umstände, die nach dem festgestellten Zeitpunkt des Einheitswerts eingetreten sind, sich wesentlich verändert hat, ist eine anderweitige Wertberechnung auf der Grundlage des Einheitswertes möglich. Die Voraussetzungen hierfür liegen aber in dem hier zur Entscheidung stehenden Fall nicht vor. Gegenstand des Erbauseinandersetzungsverfahrens ist lediglich die Landstelle, die allein den Gegenstand der Einheitsbewertung mit dem Betrage von 3 400 RM gebildet hat; den Einheitswert erhöhende Umstände sind nach der Feststellung des Einheitswertes durch das Finanzamt nicht eingetreten. Eine solche Erhöhung läßt sich auch nicht mit dem vorhandenen lebenden Inventar begründen, da der Wert dieses Inventars entsprechend § 29 Abs. 1 des Reichsbewertungsgesetzes im Einheitswert der Besitzung enthalten ist (vgl. Korintenberg-Wenz Anm. 2a zu § 18 KostO.).

---

8. 1. Zur Frage, inwieweit ein wirklicher oder vermeintlicher Testamentsvollstrecker nicht in seiner Eigenschaft als Testamentsvollstrecker, sondern persönlich zu verklagen ist.

2. Formgültig durch mündliche Erklärung errichtet ist auch ein Testament, das durch bloßes Ja-Sagen des Erblassers zu den ihm aus einem Protokollentwurf verlesenen Erklärungen und ohne erneute Verlesung und Genehmigung des anschließend unterschriebenen Protokolls zustandegekommen ist.

3. Es gibt keine abgestufte Testierfähigkeit dergestalt, daß der Erblasser zur Errichtung eines schwierigen Testaments nicht mehr, wohl aber zur Errichtung eines einfachen Testaments rechtlich fähig wäre.

BGB. §§ 2197 ff., TestG. §§ 2, 11, 16.

I. Zivilsenat. Urt. v. 12. Mai 1949 i. S. N. (Bekl.) w. H. (Kl.). I ZS 215/48.

I. Landgericht Göttingen.
II. Oberlandesgericht Celle.

Die am 12. April 1946 im Krankenhaus in Herzberg verstorbene Witwe M. G. geb. H. war Eigentümerin eines Hausgrundstücks. Einen Tag vor ihrem Tode hat der

Notar Dr. A. ein Testament beurkundet, in welchem die Witwe G. mehrere Verwandte, darunter ihren Bruder und einzigen gesetzlichen Erben H. H., zu Erben einsetzte. Dieser ist inzwischen ebenfalls verstorben und von seiner Witwe, der Klägerin, beerbt worden. Im gleichen Testament ernannte die Erblasserin die Beklagte, ihre langjährige Pflegerin, zur Testamentsvollstreckerin und vermachte ihr das Haus. Die Beklagte hat das Amt als Testamentsvollstreckerin angenommen und das Haus in Besitz genommen.

Vor diesem notariellen Testament hatte die Witwe G. von März 1945 bis März 1946 fünf andere, zum Teil mangels Eigenhändigkeit ungültige privatschriftliche Testamente verschiedenen Inhalts errichtet. Dem Notar wurden vor der Testamentserrichtung von der Beklagten und dem Reichsbankrat a. D. Th. die ersten vier dieser Testamente vorgelegt, dagegen nicht das fünfte. Der Notar entwarf hiernach das notarielle Testament.

Mit dem fertigen Entwurf begab er sich ins Krankenhaus. Dort hatte die sehr schwache Erblasserin im Hinblick auf die Testamentserrichtung eine Coffeinspritze erhalten. Der Notar stellte ihr erst einige Fragen, die sie mit einfachem Ja beantworten konnte und beantwortete, zog dann die Krankenschwester v. D. und eine inzwischen verstorbene Mitpatientin als Zeuginnen hinzu, las den Entwurf vor, fragte dabei mehrfach und abschließend, ob die Erblasserin einverstanden sei, was diese bejahte, stellte fest, daß sie nicht in der Lage sei zu schreiben, ließ sie statt der Unterschrift drei Kreuze machen, vermerkte beides und dann unterschrieben Zeugen und Notar. Im Eingang des Testaments heißt es: „Die Erschienene liegt zwar krank zu Bett. Eine mit ihr geführte Unterredung ergab, daß sich die Erschienene im vollen Besitz ihrer Geisteskräfte befindet, was hiermit festgestellt wird."

Die Klägerin hat behauptet, die Erblasserin sei nicht mehr testierfähig gewesen. Sie begehrt Feststellung, daß der Beklagten keine Rechte aus dem notariellen Testament zustehen, insbesondere kein Anspruch auf das Hausgrundstück, und Verurteilung der Beklagten zur Herausgabe dieses Hausgrundstückes.

Das Landgericht hat die Klage abgewiesen, das Berufungsgericht nach dem Begehren der Klägerin erkannt.

Die Revision der Beklagten führte zur Zurückverweisung.

Aus den Gründen:

I.

Entgegen der Ansicht der Revision ist die Klage mit Recht in vollem Umfang gegen die Beklagte persönlich und nicht gegen sie als Testamentsvollstreckerin gerichtet.

1. Die Klage zielt zunächst auf Feststellung, daß die Beklagte aus dem notariellen Testament weder als Vermächtnisnehmerin noch zur Testamentsvollstreckung berechtigt sei, sich dessen vielmehr zu Unrecht berühme. Es ist klar, daß die Klägerin diesen Streit nur mit der Beklagten persönlich, nicht mit ihr als Testamentsvollstreckerin ausfechten kann, die Klage wäre sonst in sich widerspruchsvoll. Allerdings ist nicht zu verkennen, daß sich so für den zum Testamentsvollstrecker Ernannten ein erhebliches persönliches Kostenrisiko ergeben kann. Abgesehen von der etwaigen Möglichkeit der Überwälzung der Kostenlast auf den Nachlaß bleibt dem mit der Klage Bedrohten jedoch äußerstenfalls das Mittel der Kündigung gemäß § 2226 BGB., um dem Risiko auszuweichen. Die Passivlegitimation der Beklagten persönlich wird auch nicht dadurch in Frage gestellt, daß die Klägerin nicht gleichzeitig auf Feststellung klagt, die Beklagte sei auch nicht aus dem privatschriftlichen Testament vom 27. März 1945 zur Testamentsvollstreckung berechtigt. Selbst wenn die Klägerin diese Berechtigung nicht in Abrede stellte, wäre doch der Streit um die Rechte der Beklagten aus dem notariellen Testament ein solcher zwischen den Parteien persönlich. Wohl könnte es, soweit die Testamentsvollstreckung in Frage kommt, am Feststellungsinteresse fehlen, wenn feststünde, daß die Beklagte ohnehin auf Grund des Testaments vom 27. März 1945 Testamentsvollstreckerin wäre. Das Testament vom 27. März 1945 enthält jedoch keine unbedingte Einsetzung der Beklagten als Testamentsvollstreckerin und es ist streitig und nicht unzweifelhaft, ob die Beklagte auf Grund jenes Testaments Testamentsvollstreckerin geworden ist. Überdies würde der Feststellungsantrag sich auch unter dem Gesichtspunkt der Zwischenfeststellungsklage als zulässig erweisen (siehe OGHZ. Bd. 1 S. 42 [44] und S. 279 [281]).

2. Das Grundstück hat die Beklagte auf Grund ihres

wirklichen oder vermeintlichen Vermächtnisanspruchs für sich persönlich in Besitz genommen. Demgemäß richtet sich auch die Herausgabeklage gegen die Beklagte persönlich. Daran ändert es nichts, daß die Beklagte sich zur Abwehr der Klage auch darauf beruft, sie sei als Testamentsvollstreckerin zum Besitz berechtigt (§§ 986, 2205 BGB.). Nun verweist die Klägerin allerdings hilfsweise darauf, selbst wenn die Beklagte auf Grund des Testaments vom 27. März 1945 Testamentsvollstreckerin sei, müsse sie das Grundstück gemäß § 2217 BGB. herausgeben, da sie es offenbar zur Erfüllung ihrer Obliegenheiten als Testamentsvollstreckerin nicht benötige. Aber auch ein solcher, aus dem Verpflichtungsverhältnis zwischen Erben und Testamentsvollstrecker hergeleiteter Anspruch ist vom Erben persönlich gegen den Testamentsvollstrecker persönlich geltend zu machen (siehe Entscheidung des Kammergerichts in ROLG. Bd. 10 S. 303, auch Kipp Erbrecht § 123 Fußnote 1 sowie V). Es bestehen also keine Bedenken dagegen, daß das Berufungsgericht im Rahmen des gegenwärtigen Rechtsstreits in der erneuten Verhandlung den Herausgabeanspruch gegebenenfalls auch unter dem Gesichtspunkt des § 2217 BGB. prüft.

II.

Das Berufungsgericht hält das notarielle Testament für formgültig, verneint dagegen die Testierfähigkeit der Erblasserin. Wie noch auszuführen sein wird, erhebt die Revision gegen die letztere Annahme Angriffe, die zur Aufhebung des Urteils führen mußten. In der neuen Verhandlung wird das Berufungsgericht dann aber auch die Frage der Formgültigkeit noch einmal nach Maßgabe der folgenden Ausführungen zu prüfen haben.

Das Testament ist gemäß § 11 des Testamentsgesetzes als mündliches errichtet worden. Diese Testierform steht nach § 17 des Testamentsgesetzes demjenigen nicht offen, der nach der Überzeugung des Notars am Sprechen verhindert ist. Entscheidet insoweit die Überzeugung des Notars, die von der Klägerin nicht angezweifelt worden ist, so ist es doch ein weiteres selbständiges Gültigkeitserfordernis der mündlichen Testamentserrichtung, daß die Äußerungen der Erblasserin noch als ein dem Notar und den Testamentszeugen verständliches Sprechen angesehen werden konnten (siehe RGZ. Bd. 108, S. 397 [401]). Der Zeuge Th., der bei der Testamentserrichtung anwesend war, hat nun ausgesagt — und das Berufungsgericht hat diese Aussage in anderem Zusammenhange auch verwertet —, daß die Erblasserin nur noch die Worte „Ja, Ja" verständlich gebildet, im übrigen aber Unverständliches gelallt habe. Allerdings läßt die Aussage des Zeugen nicht erkennen, ob diese Feststellung sich nur auf die Unterhaltung des Notars mit der Erblasserin vor der Testamentserrichtung bezieht, die Erblasserin sich aber bei der Testamentserrichtung nur auf das — verständliche — „Ja-sagen" auf die Fragen des den Entwurf verlesenden Notars beschränkt habe, oder ob sie auch bei der Testamentserrichtung selbst Unverständliches gelallt habe. Wäre letzteres der Fall, so könnte insoweit (§ 2085 BGB.) von einer gültigen mündlichen Testamentserrichtung nicht die Rede sein. Die Teile des Testamentes, zu welchen die Erblasserin unverständliche Erklärungen abgegeben hätte, u. U. auch das ganze Testament, wären formungültig. Das Berufungsgericht wird also unter Ausübung des Fragerechts und gegebenenfalls nach neuer Beweiserhebung, ausgehend von der aus § 415 ZPO. folgenden Beweislast der Klägerin für die Unrichtigkeit des die mündliche Testamentserrichtung beurkundenden notariellen Protokolls, zu prüfen haben, ob das Testament nicht etwa ganz oder in hier wesentlichen Teilen schon deswegen ungültig ist, weil es nicht im Sinne des Gesetzes durch mündliche Erklärung errichtet wurde.

Dagegen ist dem Berufungsgericht insoweit beizutreten, als es das Testament, sofern es durch bloßes Jasagen zu den entsprechenden Fragen des Notars zustande gekommen ist, als formgültig ansieht. Zunächst macht weder die Benutzung des in Abwesenheit der Erblasserin unter Verwendung von schriftlichen Unterlagen und etwa auch von Angaben anderer Personen gefertigten Entwurfes noch die Beschränkung der Erblasserin auf bloßes Jasagen zu den wiederholten Fragen des Verlesenden das Testament formungültig.

Es ist zwar nicht zu verkennen, daß die Aufnahme eines Testaments, wie der Notar sie hier durchgeführt hat, erhebliche Gefahren in sich birgt. Ohne eigene Erfragung des Willens der Erblasserin hat der Notar auf

Grund ihm von dritter Seite vorgelegter schriftlicher Unterlagen, die sich später als unvollständig erwiesen, einen Entwurf angefertigt, der zudem auch noch Abweichungen gegenüber den ihm vorliegenden schriftlichen Unterlagen enthielt, deren Zustandekommen bislang nicht erklärt ist. Er hat dann nicht etwa diesen Entwurf gründlich mit der Erblasserin durchgesprochen, sondern sich damit begnügt, ihr einige — möglicherweise nicht einmal auf den Testamentsinhalt bezügliche — Fragen vorzulegen, die die Erblasserin mit Ja beantworten konnte und beantwortet hat. Dann hat er lediglich den Entwurf verlesen und sich dabei mehrfach und abschließend der durch einfaches Jasagen gegebenen Zustimmung der Erblasserin versichert. Daß ein solches Vorgehen, namentlich bei starkem Kräfteverfall der Erblasserin, nicht geeignet war, eine verläßliche Ermittlung und Festlegung des wirklichen Willens der Erblasserin zu garantieren, kann nicht bezweifelt werden.

Gleichwohl ist daran festzuhalten, daß dem Formerfordernis der Testamentserrichtung nach § 11 des Testamentsgesetzes auch durch Verlesen des Testamentsentwurfes und Jasagen der Erblasserin zu den Bestimmungen dieses Entwurfes genügt werden konnte (vgl. u. a. RGZ. Bd. 85 S. 120, Bd. 161 S. 378). Mangelhafte V o r b e r e i t u n g des Entwurfs kann keinen Formmangel der Testaments e r r i c h t u n g selbst begründen, und es wäre auch in mehr als einer Beziehung bedenklich, unter dem Gesichtspunkt der Formgültigkeit für die mündliche Erklärung über das Mindesterfordernis des Jasagens hinauszugehen. Er ergebe sich eine ohne Willkür nicht durchführbare Grenzziehung zwischen noch ausreichender und unzulänglicher mündlicher Erklärung, es sei denn, man verlangte eine wörtliche Erklärung gemäß dem vom Notar entworfenen, oft notwendig von der Ausdrucksweise des Erblassers abweichenden Testamentsentwurf, eine Anforderung, die leicht zu bloßem gedankenlosem Nachsprechen führen und das mündliche Testieren auch einwandfrei testierfähiger, aber stark geschwächter Erblasser praktisch unmöglich machen würde. Die Folge wäre entweder ein Ausweichen auf die Form des Testierens durch Übergabe einer Schrift, die noch geringere Garantien bietet als die eines mündlichen Testierens durch Jasagen, oder das

In-Kauf-Nehmen späterer Anzweifelungen des Testaments mit der Begründung, es sei nicht alles Wort für Wort nachgesprochen worden. Die Bestätigung der verlesenen Erklärungen durch Jasagen muß demnach als genügend angesehen werden, womit jedoch nicht gesagt ist, daß hieraus eine Begrenzung der Verantwortung des Notars folge. Diese reicht weiter als die Anforderungen an die Formgültigkeit. Wird der Notar der Verantwortung nicht voll gerecht, so kann das in verschiedener Hinsicht bedeutsam sein, begründet aber noch nicht ohne weiteres einen Formfehler.

Der Senat schließt sich ferner auch der neueren Rechtsprechung des Reichsgerichts an, wonach die beiden Akte der mündlichen Erklärung des letzten Willens (§ 11 TestG.) und der Verlesung und Genehmigung des Protokolls (§ 16 TestG.) dergestalt zusammengefaßt werden können, daß nur einmal verlesen und das Verlesene durch Jasagen sowohl als letzter Wille erklärt als auch als richtig protokolliert genehmigt wird (vgl. RGZ. Bd. 161 S. 378 im Gegensatz zu RGZ. Bd. 85 S. 120). Wenn das Testamentsgesetz die Erklärung des letzten Willens und die Verlesung und Genehmigung des Protokolls als getrennte Akte behandelt, so erklärt sich das zunächst bereits daraus, daß im Regelfalle beides sowieso deutlich auseinanderfällt, hat im übrigen aber nicht den Sinn, daß die zweimalige Verlautbarung die Garantie der Festlegung des wirklichen Willens erhöhen solle, bezweckt vielmehr nur, sicherzustellen, daß das Protokoll der Erklärung entspreche. Dieser Zweck wird aber auch durch die einmalige Verlesung erreicht. Wünscht der Erblasser im Einzelfalle die nochmalige Verlesung, so kann er sie durch Versagung der abschließenden Genehmigung oder, sofern die Unterschrift nicht ausnahmsweise unterbleiben kann, durch Weigerung der Unterschrift erreichen.

III.

Zur Frage der Testierfähigkeit der Erblasserin führt das Berufungsurteil im wesentlichen aus:

Da es sich nicht um vorher im einzelnen mit der Erblasserin besprochene und festgelegte Gedankengänge, auch nicht etwa nur um eine Wiedergabe des letzten formungültigen Privattestaments der Erblasserin vom

3. März 1946, sondern um ein Testament gehandelt habe, das aus mehreren früheren, sich teilweise widersprechenden letztwilligen Anordnungen zusammengesetzt und weiterentwickelt worden sei, sei die von der Erblasserin geforderte Willensbildung als geistige Leistung im ganzen gesehen erheblich gewesen. Auf Grund der Ergebnisse der Beweisaufnahme sei die Überzeugung gerechtfertigt, daß die Erblasserin nicht mehr in der Lage gewesen sei, den Inhalt des ihr vom Notar vorgelesenen Testamentsprotokolls in seiner rechtlichen Bedeutung und wirtschaftlichen Tragweite hinreichend verstandesmäßig zu erfassen und so zu verarbeiten, daß ihr „Ja, Ja" als ihr rechtsgeschäftlich einwandfrei gebildeter letzter Wille angesehen werden könne. Zur Zeit der Testamentserrichtung sei vielmehr infolge der schweren Krankheit der Erblasserin ihr Bewußtsein schon so weit gestört gewesen, daß sie ein Testament so, wie geschehen, nicht mehr habe errichten können. Der Notar habe zwar im Protokoll bezeugt, daß die Erblasserin im vollen Besitz ihrer geistigen Kräfte gewesen sei, habe sich aber diese Überzeugung in unzulänglicher Weise gebildet. Ganz deutlich habe die Zeugin v. D., eine ältere Krankenschwester, die die Erblasserin in ihren letzten Tagen betreut habe, den Zustand eines bereits weitgehend ausgeschalteten Bewußtseins der Erblasserin gekennzeichnet. Sie habe bekundet, die Kranke habe schon viel bewußtlos gelegen, auf Ansprache nicht reagiert und sei erst auf die Coffeinspritze hin schwach zu sich gekommen. Sie habe bis zu ihrem Ableben am nächsten Tage nur noch wenige Worte gesagt, die sich auf die primitivsten Lebensbedürfnisse erstreckt hätten. Nach ihrem Eindruck von der geistigen Kraft der Patientin befragt, habe die Zeugin erklärt, sie glaube nicht, daß die Patientin in der Lage gewesen sei, den Inhalt des Testaments im einzelnen geistig aufzunehmen und zu verfolgen. Wenn die Zeugin hinzugefügt habe, Bestimmtes könne sie darüber allerdings nicht sagen, weil es bei solchen kranken Menschen immer schwer sei zu sagen, wie weit sie etwas noch miterleben könnten oder geistig schon abwesend seien, so beweise das nur, wie vorsichtig die Zeugin in ihrem Urteil sei, und könne daher die auf ihrer großen Erfahrung beruhende Beweiskraft ihrer Aussage nur verstärken.

Diese Begründung erweckt in mehrfacher Hinsicht Bedenken.

1. Nach § 2 Abs. 2 des Testamentsgesetzes kann ein Testament nicht errichten, wer wegen krankhafter Störung der Geistestätigkeit, wegen Geistesschwäche oder wegen Bewußtseinsstörung nicht in der Lage ist, die Bedeutung einer von ihm abgegebenen Willenserklärung einzusehen und nach dieser Einsicht zu handeln. Dabei soll der von den §§ 104, 105 BGB. abweichende Wortlaut gegenüber dem Rechtszustand, wie er sich auf der Grundlage jener Vorschriften ergab, sachlich nichts ändern (vgl. Vogels Anm. 8 zu § 2 TestG., RGRK. Anm. 4 zu § 2 TestG.).

Das Berufungsurteil geht gleichsam von einem Begriff der „abgestuften" Testierfähigkeit aus, indem es betont, daß die Erblasserin zur Einrichtung des „nicht einfach verständlichen" Testaments, „so, wie geschehen", nicht mehr fähig gewesen sei. Das entspricht dem Gesetz nicht. Zwar hat das Reichsgericht anerkannt, daß es eine auf gewisse Lebensgebiete beschränkte Geschäftsunfähigkeit gebe, z. B. im Falle des Querulantenwahns, und daß es den Begriff der Geschäftsunfähigkeit nicht ausschließe, wenn der Betreffende gewisse, insbesondere einfache und altgewohnte Verrichtungen noch vornehmen könne (Warn. 1908 Nr. 111, 1910 Nr. 309, 1928 Nr. 167, HRR. 1934 Nr. 42, JW. 1938 S. 1590[17]). Dagegen gibt es keine nach dem Grade der Schwierigkeit abgestufte Geschäftsfähigkeit auf demselben Lebensgebiet, insbesondere keine demgemäß abgestufte Testierfähigkeit. Diese Fähigkeit ist keine Qualifikation der einzelnen Willenserklärung, sondern eine solche des Erblassers. Demgemäß spricht § 2 Abs. 2 des Testamentsgesetzes auch nicht von „dem" gerade in Rede stehenden Testament und „der" darin enthaltenen Willenserklärung, sondern allgemein von „einem" Testament und „einer" Willenserklärung.

Testierunfähig war die Erblasserin, wenn sie nicht nur infolge bloßer Willensschwäche leicht beeinflußbar war, sondern, wenn infolge Geistesschwäche oder Bewußtseinsstörung der von dritten Personen — etwa dem den Entwurf verlesenden Notar — ausgehende Einfluß nach Art mechanischer Ursachen eine nur äußerlich als Willensbildung erscheinende Wirkung hervorrief (vgl. RG. in DJZ. 1921 S. 73, Warn. 1917 Nr. 234, JW. 1936 S. 1205[1], auch 1938 S. 1590[17]). Dabei ist es, wie § 2 des Testamentsgesetzes erkennen läßt, gleichgültig, ob es an der geistigen Aufnahmefähigkeit oder an der Entschlußfähigkeit fehlte. Ungenügende Erkenntnis der rechtlichen und wirtschaftlichen Tragweite des Erklärten genügt dagegen nicht zur Feststellung der Testierunfähigkeit (RG. Warn. 1911 Nr. 164) . . . .

2. Unbegründet sind die folgenden Revisionsrügen:

Daß die Ansicht der Revision, die Erblasserin möge vielleicht bezüglich des übrigen Inhalts des Testaments nicht in der Lage gewesen sein zu testieren, zum mindesten das Vermächtnis des Hauses habe sie jedoch klar erfaßt und gewollt, rechtlich fehl geht, ergeben schon die vorstehenden Ausführungen. Der von der Revision in Bezug genommene § 2085 BDB. ist gegenüber der nur einheitlich zu entscheidenden Frage der Testierfähigkeit zum mindesten bei gleichbleibendem Zustand der Erblasserin während der Testamentserrichtung nicht anwendbar.

Zu Unrecht meint die Revision ferner, gemäß § 418 ZPO. erbringe der Vermerk des Notars über die Feststellung der Testierfähigkeit vollen Beweis für diese, zumal der Notar mit dieser Feststellung eine ihm gemäß § 14 Abs. 3 TestG. und § 32 der Dienstordnung für Notare obliegende Verpflichtung erfüllt habe. Bewiesen wird durch diesen Vermerk lediglich die Überzeugung des Notars (vgl. Baumbach Anm. 1 zu § 418 ZPO., Rosenberg Lehrbuch des Zivilprozeßrechts 3. Aufl. S. 120 III 2a) und damit ein Indiz für die Testierfähigkeit. Die Auffassung der Revision würde Fragen aus einem schwierigen Fachgebiet der entscheidenden Beurteilung des zu ihrer Würdigung von vornherein nicht hinreichend vorgebildeten Notars unterwerfen. Es bedarf aber auch der Heranziehung des § 418 ZPO. nicht, um die Beweislast der Klägerin für die von ihr behauptete Testierunfähigkeit zu begründen, diese Beweislast ergibt sich vielmehr schon aus dem Umstand, daß die Testierunfähigkeit eine zu beweisende Ausnahme darstellt (vgl. Vogels Anm. 12 zu § 2 TestG., RGRK. Anm. 6 zu § 2 TestG.) . . . .

3. Dagegen fehlt, wie die Revision mit Recht rügt (§ 286 ZPO.), eine Auseinandersetzung des Berufungsurteils mit dem Beweisantritt der Beklagten, der leitende Arzt Dr. B. habe in Kenntnis des Zustandes der Erblas-

serin und des Zweckes, sie in die Lage zu versetzen, ein Testament zu errichten, die Coffeinspritze verordnet und würde das nicht getan haben, wenn er sich davon nicht die erforderliche Wirkung hätte versprechen können . . .

4. Bei der erneuten Prüfung der Testierfähigkeit der Erblasserin wird auch der Umstand zu beachten sein, daß diese einem Testamentsentwurf zugestimmt hat, der nicht unerhebliche Abweichungen von ihren früheren schriftlich oder doch unterschriftlich bekundeten Willensäußerungen, vor allem von der letzten derselben vom 3. März 1946 enthielt. Sollte sich ergeben, daß sie auf diese Abweichungen überhaupt nicht reagiert hat, so könnte das zu seinem Teil stark mit für die Annahme sprechen, daß sie nicht mehr testierfähig gewesen sei.

---

9. 1. Eine Rechtsbeschwerde, bei der der Wert des Beschwerdegegenstandes nicht einen Betrag von 6000 DM übersteigt, ist außer im Falle des § 2 Abs. 3 LVR. nur zulässig, wenn ihre Zulassung in der Entscheidung des Oberlandesgerichts ausgesprochen ist.

2. Die bei der Zustellung einer Beschwerdeentscheidung gemäß § 3 Abs. 2 LVR. vorgesehene Belehrung muß mit den gesetzlichen Bestimmungen im Einklang stehen.

3. Eine auf Grund des § 15 Abs. 2 REG. übertragene Nutzverwaltung, die gemäß § 57 Abs. 5 LVO. in das Recht des Nießbrauchs übergegangen ist, endet, außer im Falle des Ablaufs der Zeit, für die sie angeordnet ist, mit dem Tode des Eigentümers und außerdem in dem Augenblick, in dem eine andere wirtschaftsfähige Person Eigentümer des Hofes wird.

4. Der Geschäftswert eines Nießbrauchrechts an einem Hofe ist gemäß § 24 KostO. zu bestimmen.

REG. § 15, EHVfO. § 94, HöfO. § 19 Abs. 2, LVO. §§ 44, 57, LVR. §§ 2, 3 Abs. 2, KostO. §§ 22, 24.

II. Zivilsenat. Beschluß v. 23. Mai 1949 i. S. S. jr. (Rechtsbeschw.-Führer) w. S. (Rechtsbeschw.-Gegner). II BLw. 11/49.

I. Amtsgericht Flensburg.
II. Schleswig-Holsteinisches Oberlandesgericht.

Aus den Gründen:

Der Vater der Parteien war Eigentümer eines Erbhofs von 23.0195 ha mit einem Einheitswert von 12 800 DM. Durch Beschluß des Anerbengerichts vom 19. März 1937 wurde ihm die Verwaltung und Nutznießung des Erbhofs dauernd entzogen und die Nutzverwaltung dem Antragsgegner übertragen.

Nachdem mit Genehmigung des Gerichts durch Überlassungsvertrag der Hof auf den Antragsteller übertragen und dieser als Eigentümer des Hofes im Grundbuch eingetragen war, hat der Antragsteller beantragt, das Nießbrauchsrecht des Antragsgegners aufzuheben.

Diesem Antrag hat das Amtsgericht entsprochen. Die dagegen vom Antragsgegner eingelegte Beschwerde ist vom Oberlandesgericht durch den angefochtenen Beschluß zurückgewiesen worden. In dem Beschluß ist der Geschäftswert mit 3000 DM festgesetzt. Der Beschluß selbst enthält einen Ausspruch über die Zulässigkeit einer Rechtsbeschwerde nicht. Er ist jedoch den Parteien mit folgendem Vermerk zugestellt worden:

> „Gegen diese Entscheidung steht Ihnen binnen eines Monats die Rechtsbeschwerde an das Oberste Gericht für die Britische Zone in Köln zu. Die Rechtsbeschwerde muß durch einen Rechtsanwalt eingelegt werden."

Für die Zulassung der Rechtsbeschwerde ist, wie sich unzweideutig aus dem Wortlaut des § 2 Abs. 1 LVR. ergibt, ein Ausspruch über die Zulassung der Rechtsbeschwerde in der Beschwerdeentscheidung selbst erforderlich (vgl. hierzu auch die amtliche Begründung zur Verfahrensordnung für Landwirtschaftssachen Abschnitt IV, ZJBl. 1948 S. 34 oben). Es reicht daher weder aus, wenn nachträglich ein Beschluß des Oberlandesgerichts ergeht, durch den die Rechtsbeschwerde zugelassen wird, noch wenn wie im vorliegenden Falle bei der Zustellung der Beschwerdeentscheidung den Parteien mitgeteilt wird, daß ihnen gegen die Entscheidung eine Rechtsbeschwerde zustehe. Im übrigen sollte auch offensichtlich mit dieser Mitteilung nur die im § 3 Abs. 2 LVR. vorgeschriebene Belehrung vorgenommen werden.

Die Zulässigkeit der sofortigen Beschwerde hängt somit davon ab, ob der Wert des Beschwerdegegenstandes 6000 DM übersteigt. Beschwerdegegenstand ist das Nießbrauchsrecht des Antragsgegners. Für die Berechnung seines Wertes sind nach § 2 Abs. 4 LVR. die Bestimmungen des § 44 LVO. maßgebend. Aus diesen ergibt sich unter entsprechender Anwendung des Abs. 3 Buchst. e, daß der Geschäftswert nach § 24 KostO. zu bestimmen ist, d. h. daß in Ermangelung genügender tatsächlicher Anhaltspunkte eine Schätzung regelmäßig mit 3000 DM zu erfolgen hat. Im vorliegenden Falle handelt es sich um ein Nießbrauchsrecht, das nicht nur von der Lebensdauer des Vaters der Parteien abhängig ist, sondern auch von dem Fortbestand seines Eigentums am Hofe; denn ebenso wie für die Entziehung der Verwaltung und Nutznießung und die Übertragung der Nutzverwaltung Voraussetzung ist, daß der Eigentümer des Hofes bauern- oder wirtschaftsunfähig ist, ist dies Voraussetzung für die Aufrechterhaltung der Nutzverwaltung oder des gemäß § 57 Abs. 5 LVO. an ihre Stelle getretenen Nießbrauchs, da die Nutzverwaltung nur der Sicherung der ordnungsmäßigen Bewirtschaftung dienen soll und daher, abgesehen von dem Ablauf der Zeit, für die sie angeordnet ist, mit dem Tode des Hofeigentümers oder mit der Rechtswirksamkeit eines Übergabevertrages endet (vgl. Baumecker, Anm. zu § 94 EHVfO.); das aber sind Zeitpunkte, für deren Eintritt genügende tatsächliche Anhaltspunkte nicht gegeben sind. Aber selbst wenn man der Auffassung des Antragsgegners folgen und ein Nießbrauchsrecht bis zum Tode des Hofeigentümers annehmen wollte, würde ein Geschäftswert von mehr als 6000 DM nicht erreicht. Zwar könnten sich bei Anwendung der Bestimmungen des § 22 KostO. aus dem Wert der dem Antragsgegner zustehenden Nutzungen und dem Alter seines Vaters genügende Anhaltspunkte für eine Schätzung ergeben. Wie aber aus § 44 Abs. 4 LVO. hervorgeht, kann ein Hof grundsätzlich nicht über seinen Einheitswert hinaus bewertet werden. Der Einheitswert beträgt 12 800 DM. Dieser Einheitswert entspricht günstigstenfalls gemäß § 19 Abs. 2 HöfeO. dem 18fachen Betrage des jährlichen Reinertrages. Bei einem Mindestalter des Vaters der Parteien bei Einlegung der Rechtsbeschwerde von 65 Jahren würde sich somit nach dem maßgebenden Einheitswert ein Wert des Nießbrauchsrechts von $7\frac{1}{2} \times 711 = 5333$ DM ergeben.

Da somit der Wert von mehr als 6000 DM nicht erreicht wird, war die Rechtsbeschwerde gemäß § 9 LVR., § 22 Buchst. f LVO. als unzulässig zu verwerfen. Da die vom Oberlandesgericht vorgenommene Belehrung über die Zulässigkeit der Rechtsbeschwerde unzureichend und dadurch mißverständlich war, ist gemäß § 48 Abs. 2 LVO. angeordnet worden, daß von der Erhebung von Gebühren abgesehen wird.

---

10. Der Rechtsweg ist zulässig für eine Klage, mit welcher der auf Grund des Reichsleistungsgesetzes in Anspruch genommene Leistungspflichtige von dem Leistungsempfänger auf Grund des bürgerlichen Rechts (z. B. Eigentum, Besitzstörung, Bereicherung oder unerlaubte Handlung) Herausgabe oder Schadensersatz verlangt.

GVG. § 13. RLG. §§ 2, 2a, 3b, 15, 26, 27.

II. Zivilsenat. Urt. vom 27. Mai 1949 i. S. K. D. GmbH. (Kl.) w. W. AG. (Bekl.). II ZS 72/49.

I. Landgericht Köln.
II. Oberlandesgericht Köln.

Die Klägerin war Eigentümerin einer Vierseitenputzhobelmaschine, die sie in ihrem Karosseriewerk als Spezialmaschine zur Pritschenanfertigung gebrauchte. Diese Maschine nebst Zubehör wurde mit Schreiben vom 6. 8. 1942 von der Rüstungsinspektion des Wehrkreises auf Grund des „Wehrleistungsgesetzes" beschlagnahmt. Am 15. August 1942 wies das Rüstungskommando schriftlich unter Bezugnahme auf diese Beschlagnahme die Klägerin an, die Maschine an die Beklagte „abzutreten", und fügte hinzu: „Der Beauftragte der Firma W. (Bekl.) wird die Übernahme der Maschine mit Ihnen vereinbaren". Eine Abschrift dieses Schreibens übersandte das Rüstungskommando am gleichen Tage der Beklagten mit dem Zusatz:

> „Das Rüstungskommando bittet, umgehend einen Beauftragten für die Abholung der Maschine zur Firma D. zu entsenden.
> Die Maschine wurde am 13. 2. 1941 von der Firma B. geliefert. Der Preis betrug einschließlich sämtlichem Zubehör ab Werk 13 992,30 RM".

Die Beklagte ließ am 2. 9. 1942 die Maschine bei der Klägerin abholen. Gegen diese Beschlagnahme, wie auch gegen die Abholung der Maschine erhob die Klägerin mit Schreiben vom 4. 9. 1942 an das Rüstungskommando Einspruch, wobei sie ihre Schadensersatzansprüche, die sich mit den Klageanträgen im wesentlichen decken, bekanntgab. Abschrift dieses Schreibens erhielt auch die Beklagte.

Die Klägerin behauptet, der Beschlagnahme sei ein Besuch des bei der Beklagten angestellten Herrn W. voraufgegangen, der sich als Betreuer des Lehrlingswesens in K. vorgestellt und den Betrieb der Klägerin besichtigt habe, angeblich um die Beschäftigung der dort arbeitenden Lehrlinge zu überprüfen, in Wahrheit aber um den Betrieb und insbesondere den Maschinenpark der Klägerin sich sehr genau anzusehen. W. habe bei der Beklagten die Abteilung „Holzbearbeitungsmaschinen" unter sich gehabt. Nur ein unlauteres Zusammenwirken zwischen der Beklagten und den beteiligten Wehrmachtsstellen könne zur Inanspruchnahme geführt haben. Diese Behauptung bestreitet die Beklagte. Über das spätere Schicksal der Maschine gehen die Behauptungen der Parteien in den Einzelheiten auseinander; auf jeden Fall ist sie erheblich beschädigt und unbrauchbar geworden; sie steht jetzt auf dem Werksgelände der Beklagten.

Die Klägerin verlangt von der Beklagten Ersatz für die Maschine und den entgangenen Gewinn. Sie hat beantragt,

1. die Beklagte zur Zahlung eines bestimmten Betrages zu verurteilen,

2. festzustellen, daß die Beklagte verpflichtet ist, der Klägerin den Betrag zu erstatten, den diese für Anschaffung, Transport und Installation der ihr von der Beklagten am 2. 9. 1942 herausgeholten Gegenstände über den Betrag von 20 000 RM hinaus nachweisbar aufwenden muß,

3. festzustellen, daß die Beklagte verpflichtet ist, der Klägerin ab 1. 1. 1947 bis zur Inbetriebnahme der Hobelmaschine für jede im Betrieb der Klägerin angefertigte Pritsche einen Betrag von 30 RM zu zahlen.

4. festzustellen, daß die Beklagte verpflichtet ist, der Klägerin den entgangenen Gewinn zu ersetzen, den diese infolge der Nichtausführbarkeit von Lohnarbeiten mittel vorgenannter Maschine nicht erzielen konnte.

Ihre Ansprüche hat die Klägerin in der Klage auf verbotene Eigenmacht der Beklagten gestützt und aus §§ 992, 823 BGB. hergeleitet; sie hat sich weiter darauf berufen, daß es der Beklagten auf jeden Fall obgelegen habe, bei der höheren Verwaltungsbehörde den Antrag auf Festsetzung der Entschädigung oder Vergütung zu stellen.

Nachdem das Landgericht die Klage aus sachlichen Gründen abgewiesen hatte, hat die Klägerin mit der Berufung folgende weitere Rechtsgründe für ihren Anspruch angeführt:

a) Die Beklagte habe von der Überlassung der Maschine erhebliche wirtschaftliche Vorteile gehabt, ohne die geringste Gegenleistung zu erbringen. Dafür hafte die Beklagte nach bürgerlichem Recht, wobei die Ansprüche nach dem RLG. unberührt blieben.

b) Die Rüstungsinspektion habe nicht gemäß § 2a Ziff. b RLG. die Inanspruchnahme nach § 3b, Ziff. 1 RLG. vornehmen dürfen, da die Beklagte keine betreute Stelle gewesen sei. Die Folgen, die sich aus dem Mangel der Inanspruchnahme ergäben, bestimmten sich nur nach dem BGB., so daß der Rechtsweg offen sei.

c) Mangels Abschluß eines bestimmten Rechtsverhältnisses besitze die Beklagte die Maschine ohne rechtlichen Grund. Ihre Haftung ergebe sich danach aus §§ 818, 819 BGB.

d) Die Beklagte habe durch unlauteres Handeln erreicht, daß die Rüstungsinspektion die Maschine für sie beschlagnahmt und schließlich für sie in Anspruch genommen habe.

Die Klägerin hat ihre früheren Anträge wiederholt und hilfsweise beantragt, die Beklagte zu verurteilen:

(1) die Hobelmaschine in ihrem jetzigen Zustand an die Klägerin herauszugeben und

(2) der Klägerin den durch Gutachten zu ermittelnden Schaden zu ersetzen, der durch die unsachgemäße Aufbewahrung der Einrichtung zusätzlich zu den durch die Kriegsereignisse hervorgerufenen Schäden entstanden ist.

Das Oberlandesgericht hat die Berufung zurückgewiesen. Mit der Revision wiederholt die Klägerin ihre früheren Anträge. Die Revision führte zur Zurückverweisung.

Aus den Gründen:

1. Das Reichsleistungsgesetz vom 1. September 1939 (RGBl. I S. 1645), gab Bedarfsstellen der Wehrmacht die Möglichkeit, bestimmte Gegenstände für sich selbst oder für Dritte (§ 2a) in Anspruch zu nehmen, und zwar durch das Verlangen, daß der Leistungspflichtige den Gebrauch der Sachen gestattet oder Rechte an beweglichen Sachen überträgt (§ 3a), unter bestimmten Voraussetzungen auch, daß er über die Sachen bestimmte Rechtsgeschäfte abschließt (§ 3b Ziff. 1). Schließlich normiert § 15 eine Verpflichtung, gewisse Gegenstände der Bedarfsstelle (oder nach § 15 Abs. 2 auch Dritten) zur „Benutzung" (d. h. zum Gebrauch) oder zur „Verfügung" (d. h. zu Eigentum) zu überlassen. Das Berufungsgericht legt die Schreiben des Rüstungskommandos an die beiden Parteien vom 15. 8. 1942 als Einheit dahin aus, daß der Abschluß eines Vertrages auf Überlassung „zur Verfügung" gefordert wurde. Es kommt aber nach Meinung des Berufungsgerichts für den Entschädigungs- oder Vergütungsanspruch nicht entscheidend auf den Typ des von der Bedarfsstelle verlangten Vertrages an, sondern darauf, daß ein Rechtsgeschäft abzuschließen verlangt wurde, und daß dieses Rechtsgeschäft nicht wirksam abgeschlossen wurde. Da nach dem eigenen Vortrag der Klägerin — so führt das Berufungsgericht aus — kein privatrechtlicher Vertrag zustandegekommen sei, so sei das Eigentum an der Maschine kraft Hoheitsaktes auf die Beklagte übergegangen, die Klägerin habe daher nur Ansprüche nach dem Reichsleistungsgesetz. Deshalb hält das Berufungsgericht den Rechtsweg für „verschlossen".

2. Die Revision rügt mit Recht, daß das Berufungsgericht hierbei die Grundsätze verkannt hat, nach denen die Zulässigkeit des Rechtswegs zu beurteilen ist.

Nach der ständigen Rechtsprechung des Reichsgerichts, wie diese in der Entscheidung RGZ. Bd. 157 S. 106 ff. (115) zusammengefaßt ist, ist für die Frage der Zulässigkeit des Rechtswegs die Natur des Rechtsverhältnisses entscheidend, aus dem der Klageanspruch abgeleitet wird. Stellt sich dieser nach seiner tatsächlichen Begründung als Folge eines Sachverhalts dar, der nach Grundsätzen des bürgerlichen Rechts für die Entstehung eines solchen Anspruchs Raum läßt, so kann ihm der

Rechtsschutz durch die ordentlichen Gerichte nach § 13 GVG. nicht versagt werden. Dagegen ist ihm der Rechtsweg in der Regel verschlossen, wenn er nach dem vom Kläger vorgetragenen Tatbestand nur als öffentlich-rechtlicher Anspruch bestehen und auch nur insofern Gegenstand des Streites sein kann. Dabei kann es darauf, wie der Kläger seinen Anspruch rechtlich beurteilt, ebensowenig ankommen wie auf die Verteidigung, mit der sich der Beklagte seiner zu erwehren sucht. Macht der Beklagte geltend, daß er dem auf bürgerlich-rechtlicher Grundlage beruhenden Anspruch des Klägers nicht Genüge zu tun brauche, weil ihm ein Recht zur Seite stehe, das nach seiner öffentlich-rechtlichen Natur einer Erörterung vor den ordentlichen Gerichten nicht zugänglich sei, so wird dadurch der Rechtsweg nicht unzulässig.

Alle späteren Erörterungen in Schrifttum und Rechtsprechung gehen nicht um die Richtigkeit dieser Grundsätze, sondern um ihre Anwendung im Einzelfall. Es tritt immer deutlicher die Notwendigkeit hervor, die Frage der Zulässigkeit des Rechtsweges von der sachlich-rechtlichen Frage zu unterscheiden, in welchem Umfang das ordentliche Gericht die Gültigkeit oder Wirksamkeit von Verwaltungsakten nachzuprüfen berechtigt ist. So ist in der neueren Rechtsprechung in den Fällen der Beschlagnahme von Räumen (LG. Hagen DRZ. 1947 S. 132; LG. Detmold MDR. 1947 S. 54; LG. Hannover ebenda S. 56; LG. Stade ebenda S. 57; LG. Essen ebenda S. 292; LG. Oldenburg Nds. Rpfl. 1947 S. 85) und von Kraftwagen (OLG. Düsseldorf MDR. 1948 S. 107 ff. und S. 286; OLG. Hamburg MDR. 1949 S. 233) die Zulässigkeit des Rechtswegs überwiegend bejaht worden. Das Schrifttum (Bettermann MDR. 1947 S. 44 ff. und 222 ff. [gegen Meiß SJZ. 1947 Sp. 82 ff. [86/87] und MDR. 1947 S. 222]; Kleinrahm MDR. 1948 S. 109 f.; Naumann MDR. 1949 S. 235 f. und Schönke, 17. Aufl., Vorbem. II vor § 1 ZPO., S. 11 ff. [14]) hat sich dieser Meinung überwiegend angeschlossen.

Die Entscheidung des Landgerichts Osnabrück (JBl. Oldenb. 1947 S. 18) hat den Rechtsweg für eine Mietaufhebungsklage gegen einen nach dem Reichsleistungsgesetz eingewiesenen Rauminhaber mit der Begründung für unzulässig erklärt, daß kein privatrechtliches Mietverhältnis bestehe, aber der Grund liegt hier darin, daß der Kläger seinen Anspruch ausdrücklich auf die Einweisung zu stützen versuchte. Das gleiche gilt für die Entscheidung des Oberlandesgerichts Freiburg (DRZ. 1948 S. 215), die den Rechtsweg für Ansprüche des Leistungspflichtigen auf Ersatz seiner Aufwendungen mit der Begründung versagt, daß er sich nicht auf Vereinbarungen berufe. Dies letztere wird anscheinend von Jellinek in seiner Anmerkung a.a.O. übersehen, wenn er meint, die Klage hätte als unbegründet abgewiesen werden müssen. Das Landgericht Essen (DRZ. 1946 S. 193) hat die Klage auf Rückgabe eines Wohnraums nach Aufhebung der Beschlagnahme nicht wegen Unzulässigkeit des Rechtswegs, sondern wegen fehlenden Rechtsschutzbedürfnisses abgewiesen.

3. Der Senat sieht keinen Anlaß, von dieser in der Rechtsprechung des Reichsgerichts entwickelten und auch weiter überwiegend eingehaltenen Linie abzuweichen, auf der auch die Entscheidungen des Obersten Gerichtshofs vom 1. Juli 1948 (ZS 64/48, MDR. 1948 S. 472), vom 29. Oktober 1948 (I ZS 66/48, DRZ. 1949 S. 16 = NJW. 1949 S. 105 = DV. 1949 S. 49) und die des erkennenden Senats vom 11. Februar 1949 (II ZS 49/48, OGHZ. Bd. 1 S. 358) liegen. Die dagegen angeführten Gründe beruhen auf offenbaren Mißverständnissen oder auf einer unrichtigen Verallgemeinerung einer Ausnahme, die vom Reichsgericht stets gemacht wurde und die mit Recht auch in der neueren Rechtsprechung aufrecht erhalten wird (z. B. OLG. Celle, Hann.Rpfl. 1947 S. 69; Hamburg MDR. 1947 S. 299; Düsseldorf MDR. 1948 S. 286): Der Rechtsweg ist unzulässig für eine Klage gegen die Verwaltungsbehörde oder die hinter ihr stehende öffentlich-rechtliche Körperschaft, die lediglich den Zweck hat, die Gültigkeit oder Rechtswirksamkeit eines Verwaltungsaktes nachzuprüfen, sei es auch in der Form eines auf § 839 BGB., Art. 131 RVerf. gestützten Schadensersatzanspruches. Eine solche Klage ist hier jedoch nicht erhoben worden, und deshalb sind die am Schluß des Berufungsurteils hieran geknüpften Erwägungen gegenstandslos.

Auch die Ausführungen des Oberlandesgerichts Frankfurt (JR. 1949 S. 120 f.) vermögen gegenüber diesen Erwägungen nicht zu überzeugen. Dieses Gericht beruft sich auf eine Entscheidung des Reichsgerichts vom 19. Juni

1925 sowie auf die — nicht näher begründete — Meinung von Rosenberg (Lehrb. 1. Aufl. 1927 S. 25). Es meint, eine auf § 985 BGB. gestützte Klage sei bei objektiver Würdigung als Eigentumsfreiheitsklage aus § 1004 BGB. zu beurteilen; die Behauptung, daß kein den Beklagten zur Benutzung der Sachen berechtigender und den Kläger zur entsprechenden Duldung verpflichtender Verwaltungsakt vorliege, bilde dann einen Teil der Klagebegründung, und es müsse schon bei der Prüfung der Zulässigkeit des Rechtswegs darüber entschieden werden, ob ein solcher Verwaltungsakt vorliege. Das angeführte Urteil des Reichsgerichts ist durch dessen spätere Rechtsprechung überholt; die weiterhin erwähnten Urteile RGZ. Bd. 100 S. 219 und Bd. 162 S. 133 betreffen den bereits erwähnten Sonderfall der als Amtshaftungsklage getarnten Klage gegen die Behörde. Wollte man aber, wie das Urteil vorschreibt, die Zulässigkeit des Rechtswegs von der Wirksamkeit oder Unwirksamkeit des Verwaltungsakts abhängig machen, so zwänge man damit das Gericht gerade zu einer Nachprüfung, die ihm grundsätzlich verschlossen ist. Die beschränkte Nachprüfbarkeit des den Kläger beschwerdenden Verwaltungsaktes mag in manchen Fällen dazu führen, daß trotz Zulässigkeit des Rechtsweges die Klage als sachlich unbegründet abgewiesen wird. Nur die Vermengung der Fragen nach der Zulässigkeit des Rechtsweges, nach dem Rechtsschutzinteresse und nach der sachlichen Begründetheit der Klage hat auch zur Verneinung der Zulässigkeit des Rechtswegs geführt in den Entscheidungen des Landgerichts Bochum SJZ. 1946 S. 175 = JBl. Hamm S. 125 = JBl. Köln S. 104, des Kammergerichts JR. 1947 S. 23 und des Oberlandesgerichts Hamm DRZ. 1948 S. 140, das von Strucksberg DRZ. 1948 S. 315 mit zutreffenden Gründen kritisiert wird.

4. Für die Festsetzung der Höhe der nach dem RLG. zu zahlenden Entschädigung (§ 27 Abs. 2 Satz 1 RLG.) ist nach § 27 Abs. 3 Satz 4 a.a.O. der Rechtsweg ausgeschlossen. Eine solche Entschädigung ist nach § 26 Abs. 4 a.a.O. gegebenenfalls von dem Dritten zu zahlen, für den die Bedarfsstelle die Leistung in Anspruch genommen hat. Der Rechtsweg wäre daher unzulässig, wenn die Klägerin ein Entgelt für die von ihr erbrachte Leistung (§ 26 Abs. 1 RLG.) oder eine Entschädigung für „Sach- und Personen-

schäden, außergewöhnliche Abnutzung, Verluste und Haftpflichtschäden" fordern würde, die „infolge oder gelegentlich der Leistung ohne grobes Verschulden des Geschädigten entstehen" (§ 26 Abs. 3). Der in § 26 Abs. 1 Buchst. b geregelte Sonderfall, daß mit dem Dritten ein (privatrechtliches) Rechtsgeschäft über den Gegenstand der Leistung abgeschlossen ist, würde hier ausscheiden, da die Klägerin den Abschluß eines solchen Rechtsgeschäftes ausdrücklich bestreitet.

Nun stützt aber die Klägerin, was das Berufungsgericht nicht genügend beachtet, ihre Ansprüche ausdrücklich n i c h t auf das Reichsleistungsgesetz, sondern sie erklärt im Gegenteil, daß sie sich ausschließlich auf Grundsätze des bürgerlichen Rechts, nämlich auf Eigentum, Besitzstörung, Bereicherung und unerlaubte Handlung stütze. Die Inanspruchnahme der Maschine wird von der Beklagten zur Verteidigung gegen die Ansprüche der Klägerin angeführt, und daraus ergibt sich die Zulässigkeit des Rechtswegs jedenfalls insoweit, als nicht einzelne Ansprüche der Klägerin in Wahrheit auf dem RLG. beruhen und nur zur Eröffnung des Rechtswegs künstlich auf andere Vorschriften gestützt sind. Für eine solche Annahme ist aber nichts dargetan.

---

11. 1. Zur ordnungsmäßigen Begründung einer Anschlußrevision gehört auch die Anführung der Revisionsgründe. Die in der Entscheidung RGZ. Bd. 158 S. 346 ff. zugelassene Erleichterung bezieht sich nur auf die Revisionsanträge.

2. Die Haftung desjenigen, der an einem öffentlich zugänglichen Platze eine erhöhte Gefahrenlage schafft, gilt nicht auch für solche Unfälle, die Unbefugte durch mißbräuchliche Benutzung der geschaffenen Einrichtung erleiden.

3. Das Schmerzensgeld ist nach der Währungsreform von vornherein in Deutscher Mark festzusetzen, also nicht aus einem Reichsmarkbetrage im Wege der Umstellung zu ermitteln, auch wenn das schadenstiftende Ereignis vor dem Stichtag der Währungsreform liegt.

4. Soweit eine Urteilssumme in Deutscher Mark zugesprochen wird, die nicht durch Umstellung im Verhältnis 10:1 aus dem Reichsmarkantrage abgeleitet ist, können

Prozeßzinsen (§ 291 BGB.) darauf in Deutscher Mark erst von der Umstellung des Klagantrages auf Deutsche Mark angefordert werden. Für die Zeit vor der Währungsreform sind Prozeßzinsen nur in Reichsmark entstanden und im Verhältnis 10:1 umzustellen.

BGB. §§ 823, 831, 847, 1300, 249—251, 291; UmstG. §§ 13, 16, 18; ZPO. §§ 554 Abs. 3 Ziffer 2, 556 Abs. 2.

II. Zivilsenat. Urt. vom 27. Mai 1949 i. S. B. (Bekl.) w. Sch. (Kl.). II ZS 80/49.

I. Landgericht Hagen.
II. Oberlandesgericht Hamm.

Am 24. Oktober 1945 wurde der damals elfjährige Kläger dadurch verletzt, daß ein an einem öffentlichen Wege stehendes, an den Einfriedigungszaun vor der Besitzung des Invaliden S. in H. angelehntes schweres Holzgestell, als sich der mit einigen Schulkameraden spielende Kläger an dem überstehenden Dach des Gestells hochziehen wollte, zum Wege hin umfiel und den Kläger unter sich begrub. Dieser hat einen Schädelbasisbruch davongetragen. Am Tage nach der Aufnahme in das Krankenhaus trat eine Gehirnentzündung ein, in deren Verlauf es zu einer halbseitigen Lähmung der unteren Körperhälfte sowie zu einer Blasen- und Mastdarminkontinenz kam, die noch fortdauert.

Der Beklagte ist persönlich haftender Gesellschafter der Firma B. Diese betreibt in P. eine Fabrik, deren Arbeiter zum Teil in H. wohnen. Das Gestell bildet die Hälfte eines größeren Gestells, das früher auf dem Fabrikhof selbst stand und dort zur Abstellung der Essenträger diente. Später wurde es zersägt und mit dem einen Teil an der Unfallstelle aufgestellt. Es diente nunmehr dazu, daß die Frauen der Arbeiter dort die Essenträger aufstellten, die dann von einem Elektrokarren zur Fabrik gefahren wurden. Auf diese Weise sparten die Frauen das Warten auf den Elektrokarren, der nicht immer zu genau dem gleichen Zeitpunkt kommen konnte. Seit April 1945 war der Kasten völlig unbenutzt; er ist später nach dem Unfall zu Brennholz zerhackt worden.

Der Kläger behauptet, das Gestell habe ausschließlich den Interessen des Betriebes gedient; der Beklagte habe weder für eine sichere Anbringung des Gestells noch für eine regelmäßige Überwachung und ordnungsmäßige Unterhaltung gesorgt. Er nimmt deshalb den Beklagten für die Folgen des Unfalls auf Schadensersatz in Anspruch.

Der Beklagte bestreitet, daß das Gestell von der Firma aufgestellt worden sei und daß es ihren Interessen gedient habe, er behauptet vielmehr, die Firma habe es einigen ihrer in H. wohnenden Arbeiter auf deren Bitte überlassen; die Aufstellung sei von den Interessenten selbst vorgenommen worden, ohne daß die Firma irgendwelche Anweisungen dafür gegeben hätte. Er meint, zu einer Überwachung und Unterhaltung des Gestells durch ihn selbst oder die Firma habe keine rechtliche Verpflichtung bestanden.

Der Beklagte hat sich auf den ihm zustehenden Entlastungsbeweis nach § 831 BGB. berufen.

Das Landgericht hat eine Rechtspflicht des Beklagten zur ordnungsmäßigen Aufstellung und Überwachung sowie eine fahrlässige Verletzung dieser Rechtspflicht bejaht und daraus eine Haftung des Beklagten nach § 823 BGB. abgeleitet. Es bejaht aber auch ein mitwirkendes Verschulden des Klägers, das es gleich hoch wie dasjenige des Beklagten bewertet. Mit Rücksicht darauf, daß der Kläger seinen vollen Schmerzensgeldanspruch auf 4000 RM beziffert hat, hat es den Anspruch auf Zahlung von 2000 RM ohne Einschränkung dem Grunde nach für gerechtfertigt erklärt.

Gegen dieses Urteil hat der Beklagte Berufung mit dem Antrage auf Klagabweisung eingelegt. Der Kläger hat sich der Berufung angeschlossen mit dem Antrage den Beklagten zu verurteilen, an den Kläger

1. für die Zeit vom 24. 10. 1945 bis 31. 10. 1947 ein Schmerzensgeld von 2000 RM nebst 4 % Zinsen seit Klagezustellung zu zahlen,
2. eine monatlich im voraus zahlbare, nach gerichtlichem Ermessen festzusetzende, mindestens 10 RM betragende Schmerzensgeldrente mit Wirkung vom 1. November 1947 auf Lebenszeit zu zahlen,
3. h i l f s w e i s e an Stelle von Ziffer 1 und 2 ein nach gerichtlichem Ermessen festzusetzendes Schmerzensgeld in Höhe von mindestens insgesamt 8000 RM

nebst 4% Zinsen von 2000 RM seit Klagezustellung zu zahlen,

4. festzustellen, daß der Beklagte verpflichtet ist, dem Kläger allen, zumindest aber die Hälfte desjenigen Schadens zu ersetzen, welcher diesem aus dem Unfall vom 24. 10. 1945 in Zukunft noch erwächst,

und zwar nach der Währungsreform mit der Maßgabe, daß zu Ziffer 1 bis 3 hinter die jeweiligen RM-Beträge die Worte treten: „in der sich aus dem Umstellungsverhältnis ergebenden Höhe".

Das Berufungsgericht hat nach Beweisaufnahme die Berufung des Beklagten gegen das Urteil des Landgerichts zurückgewiesen und auf die Anschlußberufung den Beklagten zur Zahlung eines Schmerzensgeldes von 6000 DM nebst 4% Zinsen von 2000 DM seit dem Tage der Klagezustellung verurteilt; es hat ferner die vom Kläger beantragte Feststellung getroffen.

Gegen dieses Urteil hat der Beklagte Revision, der Kläger Anschlußrevision eingelegt. Der Beklagte erstrebt völlige Klagabweisung, hilfsweise Herabsetzung des Zahlungsanspruchs und teilweise Abweisung des Feststellungsanspruchs. Der Kläger erstrebt Umwandlung des Kapitalbetrages in eine Rente. Die Anschlußrevision wurde als unzulässig verworfen, die Revision führte zur Zurückverweisung.

Aus den Gründen:

I.

Der Kläger hat innerhalb der Revisionsbegründungsfrist einen Schriftsatz eingereicht, mit welchem er Revision einlegt, „soweit die Anschlußberufung des Klägers und Anschlußberufungsklägers zurückgewiesen worden ist". In dem gleichen Schriftsatz bittet er, die Revision vorsorglich als Anschlußrevision aufzufassen. Wenige Tage später hat er die Revision als selbständige Revision zurückgenommen und mit einem weiteren eingereichten Schriftsatz die Anschlußrevision gerechtfertigt. In diesem Zeitpunkt war die Frist zur Begründung der Revision bereits abgelaufen. Der Kläger beruft sich auf die Entscheidung RGZ. Bd. 158 S. 346 ff. (347) dafür, daß die Anschlußrevision gleichwohl zulässig sei, weil der Vorschrift des § 556 Abs. 2 Satz 2 ZPO. auch ohne Stellung eines formellen Antrags genügt sei. In der genannten Entscheidung hat das Reichsgericht lediglich ausgesprochen, daß neben der Begründung der Revision ein solcher formeller Antrag entbehrlich ist, wenn das Begehren des Revisionsklägers eindeutig erkennbar ist. Ein Verzicht auf die eigentliche Revisionsbegründung ist aus der Entscheidung jedoch nicht zu entnehmen; er ist auch nicht zu rechtfertigen, weil auch für die Anschlußrevision die Angabe der Revisionsgründe (§ 554 Abs. 3 Ziff. 2 ZPO.) nicht entbehrlich ist. Die Anschlußrevision mußte daher als unzulässig verworfen werden (§ 556 Abs. 2 Satz 3, § 554a ZPO.).

II.

1. Das Berufungsgericht stellt fest, der Beklagte habe einer an ihn von seinen Leuten herangetragenen Anregung stattgegeben, das damals unbenutzte Gestell in der Mitte durchzusägen und die beiden Hälften an ihre jetzigen Aufstellungsorte herausschaffen zu lassen. Daraus folgert es, daß sich die Überlassung und der Aufbau des Gestells als eine soziale Fürsorgemaßnahme des Betriebes für seine Arbeiter darstelle; wenn er die weiteren Maßnahmen bezüglich der Aufstellung den unmittelbar Interessierten überlassen habe, so befreie ihn das nicht von der Verantwortlichkeit für die Gefahren, welche den treffe, der eine Einrichtung schaffe, welche einem wenn auch durch die Art und Weise der Benutzung und den Kreis der zu ihrem Gebrauch berechtigten Personen beschränkten Verkehr gewidmet sei. Aus der eigenen Einlassung des Beklagten, er habe sich um das Gestell nicht weiter gekümmert, folgert das Berufungsgericht seine Haftung für eigene Fahrlässigkeit ohne die Möglichkeit eines Entlastungsbeweises. Das Berufungsgericht stellt weiter fest, das Gestell sei nicht genügend gesichert gewesen, seine Standfestigkeit sei auch durch das Eigengewicht nicht gewährleistet gewesen.

(Zu 2 werden Einwendungen gegen die Feststellung zurückgewiesen, daß es sich um eine Betriebsmaßnahme handelte.)

3. Auch wenn es sich bei der Aufstellung des Gestells um einen Betriebsvorgang handelt, setzt die Haftung des Beklagten eine Fahrlässigkeit voraus. Diese Fahrlässigkeit folgert das Berufungsgericht aus der Einlassung des Be-

klagten im Strafverfahren, er habe sich nach dem Abtransport des Gestells nicht weiter darum gekümmert, da es seine Verpflichtung gewesen wäre, die erforderlichen Maßnahmen zu veranlassen. Dieser Schluß wäre nur dann zu rechtfertigen, wenn die Erklärung des Beklagten dahin auszulegen wäre, die ganze Betriebsleitung habe sich mit seiner Kenntnis oder auf seine Anweisung nicht mehr um das Gestell gekümmert. Das Berufungsgericht hat aber die ebenso naheliegende Auslegung nicht geprüft, der Beklagte habe sich nicht mehr persönlich um das Gestell gekümmert, sondern alles demjenigen überlassen, der im Betriebe für diese Dinge zuständig gewesen sei. Da es dem Inhaber eines derartigen Betriebs unmöglich zugemutet werden kann, solche vergleichsweise untergeordneten Dinge persönlich zu erledigen, so würde das seine Haftung nach § 823 BGB. ausschließen und ihm den vom Berufungsgericht abgeschnittenen Entlastungsbeweis offen lassen.

Aber auch wenn man von diesem Bedenken gegen den Gedankengang des Berufungsgerichts absieht, sind die weiteren Rügen der Revision gegen die Schlußfolgerung des Berufungsgerichts begründet, daß das Gestell nicht ordnungsmäßig aufgestellt gewesen sei. Die von der Revision angeführte Entscheidung RGZ. Bd. 59 S. 203 ff. ist zwar deshalb nicht ohne weiteres im Sinne der Revision verwendbar, weil dort das Reichsgericht gerade eine fortgesetzte Kontrolle darüber verlangt hat, daß die zur Feststellung eines an einen Zaun gelehnten Kalkkastens durch Ziegelsteine und Holzkeile hergestellte Unterlage auch dauernd erhalten blieb. Auf der anderen Seite liegt ein erheblicher Unterschied der beiden Fälle darin, daß damals der Unfall ohne jedes Zutun des Verletzten eintrat, während jetzt nichts dafür dargetan ist, daß das Gestell auch ohne das Spielen der Kinder daran umgefallen wäre.

In der Entscheidung JW. 1909 S. 461[19] hat das Reichsgericht eine Klage abgewiesen, mit der von einer Stadtgemeinde Schadensersatz für die Verletzung von Kindern gefordert wurde, die eine auf einem öffentlichen Platze aufgestellte Kanone erklettert und mit dem Rohr geschaukelt hatten, bis sie herunterfielen. Durch die Aufstellung der Kanone erwuchs nach der Meinung des Reichsgerichts der Stadt nur die Verpflichtung, zum Schutze der auf dem

Platz verkehrenden Personen dafür zu sorgen, daß nicht durch eine mangelhafte Beschaffenheit des Geschützes oder durch einen Mangel der Aufstellung Vorübergehenden Gefahren entstanden, es lag ihr aber nicht ob, das Rohr der Kanone festlegen zu lassen oder die Kanone mit einer Umzäunung zu umgeben oder Polizeibeamte zur Aufsicht aufzustellen oder andere Schutzvorkehrungen zum Schutze solcher Personen zu treffen, die unbefugt versuchten, das Rohr in Bewegung zu setzen.

Die ständige Rechtsprechung, von der abzuweichen kein Anlaß ist, geht dahin, daß die Schaffung einer Gefahrenlage für den öffentlichen Verkehr zu einer erhöhten Sorgfaltspflicht führt. Das kann aber grundsätzlich nur den Schutz desjenigen Verkehrsteilnehmers bedeuten, der sich am Verkehr so beteiligt, wie es im normalen Verkehr vorgesehen ist. Wer auf der Straße ein Fuhrwerk stehen läßt, wird für Verletzungen haftbar sein, die sich dadurch ereignen, daß ein Unbeteiligter in der Dunkelheit gegen das unbeleuchtete Fuhrwerk läuft; er könnte aber nicht dafür haftbar gemacht werden, daß ein Dieb sich bei dem Versuch verletzt, das Fuhrwerk zu entwenden, oder daß Kinder zu Schaden kommen, die an dem Fuhrwerk herumspielen. Bei Baugerüsten kann für Schäden gehaftet werden, die durch das Herabfallen von Teilen oder durch mangelhafte Beleuchtung verursacht sind, nicht aber für Verletzungen solcher Personen, die unbefugt auf das Gerüst klettern. In diesen Fällen fehlt es überhaupt an einer Verletzung der Sorgfaltspflicht, so daß die Frage eines mitwirkenden Verschuldens des Verletzten gar nicht zu stellen ist.

Diese Grundsätze hat das Berufungsgericht verkannt, und aus diesem Grunde kann das Urteil keinen Bestand haben. Es ist davon auszugehen, daß der Beklagte nicht schon deshalb haftbar gemacht werden kann, weil das Gestell bei der Aufstellung nicht gegen die aus unbefugter Benutzung drohende Gefahr gesichert war. Es würde an dem ursächlichen Zusammenhang zwischen der etwa vorhandenen Fahrlässigkeit und dem eingetretenen Schaden ebenso fehlen wie in dem Fall des gekippten Kanonenrohrs. Andererseits gibt aber der festgestellte Sachverhalt noch nicht die Möglichkeit, eine Verletzung der Sorgfaltspflicht und einen ursächlichen Zusammenhang endgültig zu verneinen. Es ist festgestellt worden, daß schon vor dem Unfall häufig Kinder an dem Gestell gespielt haben und hineingeklettert sind. Das Berufungsgericht hatte von seinem Standpunkt aus keinen Anlaß, diesem Punkte besondere Beachtung zu schenken und insbesondere das Fragerecht dahin auszuüben, ob, wann und auf welche Weise dieser Umstand zur Kenntnis des Beklagten gekommen ist. Wird eine solche Kenntnis unterstellt, so könnte eine Verletzung der Sorgfaltspflicht darin gesehen werden, daß keine genügenden Sicherheitsmaßnahmen getroffen wurden oder daß das Gestell nicht entfernt wurde, nachdem der Anlaß für seine Aufstellung infolge der Einstellung der Produktion in der Fabrik fortgefallen war. Das Berufungsgericht wird daher zu diesem Punkte weitere Feststellungen treffen und je nach deren Ergebnis erneut prüfen müssen, ob der Beklagte seine Sorgfaltspflicht verletzt hat oder ob er nach § 831 BGB. haftet.

(Zu III wird das mitwirkende Verschulden des Klägers bejaht.)

IV.

1. Die Schmerzensgeldforderung hält das Berufungsgericht nicht für eine Reichsmarkforderung im Sinne des § 13 Abs. 3 des Umstellungsgesetzes. Es meint, die Forderung entstehe erst mit der Entscheidung durch das obsiegende Urteil; solange nicht entweder eine Vereinbarung oder ein Urteil vorliege, sei für die Umstellung einer auf Reichsmark lautenden Forderung kein Raum, vielmehr müsse die Entschädigung ursprünglich in Deutscher Mark festgesetzt werden. Bei der Bemessung der Höhe hat das Berufungsgericht die wirtschaftlichen Verhältnisse beider Teile, insbesondere die Tatsache beachtet, daß durch die Neuordnung des Geldwesens auch der Beklagte die Verluste erlitten hat, die jeden treffen, dessen Vermögen von dieser Neuordnung berührt wird. Unter Berücksichtigung aller Umstände hat es den zuerkannten Betrag von 6000 DM für eine billige Entschädigung im Sinne des § 847 BGB. gehalten; für einen Teilbetrag von 2000 DM hat es Zinsen für die Zeit seit der Klageerhebung zugesprochen. Diesen Gedankengang greift die Revision mit der grundsätzlichen Einwendung an, der Schmerzensgeldanspruch sei vor der Währungsumstellung als Geldforderung in Reichsmark entstanden, es müsse

also zunächst ein angemessener Betrag in Reichsmark ermittelt und dieser im Verhältnis 10:1 auf Deutsche Mark umgestellt werden. Dieser Angriff ist, wie zu zeigen sein wird, im Ergebnis nicht gerechtfertigt. Ferner wendet sich die Revision dagegen, daß der nur geringe Grad des Verschuldens des Beklagten nicht erkennbar berücksichtigt sei. Sie meint schließlich, der Zinsanspruch dürfe für die Zeit vor der Währungsreform nicht im Verhältnis 1:1 umgestellt werden. Ob und in welcher Schwere den Beklagten ein Verschulden trifft und wie sich dieses zu dem Verschulden des Klägers verhält, wird das Berufungsgericht bei der Prüfung des Grundes des Anspruchs nach den zu II und III entwickelten Grundsätzen zu entscheiden haben. Infolgedessen ist jedenfalls im vorliegenden Falle kein Raum dafür, die Schwere des Verschuldens auch bei der Ermittlung der Höhe des Schmerzensgeldes zu berücksichtigen. Die Zinsen hat das Berufungsgericht offensichtlich als Prozeßzinsen (§ 291 BGB.) zugebilligt, es hat aber dabei nicht beachtet, daß mit der Klageerhebung nur ein Anspruch auf Zahlung von 2000 Reichsmark rechtshängig wurde; ein weiterer Betrag in Reichsmark wurde mit der Anschlußberufung rechtshängig, aber für einen Betrag in Deutscher Mark trat die Rechtshängigkeit erst mit der Umstellung des Antrages ein. Soweit eine Urteilssumme in Deutscher Mark festgesetzt wird, die nicht durch Umstellung im Verhältnis 10:1 aus dem Reichsmarkantrage abgeleitet ist, können Prozeßzinsen darauf in Deutscher Mark erst von der Umstellung des Klageantrages auf Deutsche Mark an gefordert werden. Für die Zeit vor der Währungsreform sind Prozeßzinsen nur in Reichsmark entstanden und im Verhältnis 10:1 umzustellen. Dieser Einwand der Revision ist also gerechtfertigt; das Berufungsgericht wird diesen Umstand bei der erneuten Entscheidung zu berücksichtigen haben.

2. Die Ausführungen des Berufungsgerichts über das Verhältnis des Schmerzensgelds zur Währungsreform sind in MDR. 1948 S. 281 wiedergegeben. Die von ihm gegebene Begründung, daß der Schmerzensgeldanspruch erst mit dem Erlaß des Berufungsurteils entstehe, hat im Schrifttum (Eick MDR. 1948 S. 282; Münzel DRZ. 1948 S. 488; Petersen MDR. 1949 S. 20 ff. [22]; Boehmer Beiheft 8 zur DRZ. 1949 S. 33; Wedesweiler NJW. 1949 S. 44;

Hothorn ebenda S. 215) und in der Rechtsprechung (z. B. OLG. Celle NJW. 1949 S. 223 und MDR. 1949 S. 291) allgemeine, zum Teil sehr scharfe Ablehnung erfahren. Diese Ablehnung könnte bei wörtlicher Auslegung gerechtfertigt erscheinen, aber den erhobenen Einwendungen wird zum großen Teil ihre Grundlage entzogen, wenn man die Begründung dahin versteht, der Schmerzensgeldanspruch erhalte erst durch seine Festsetzung im Richterspruch eine bestimmte Höhe.

Im Gegensatz zu dem in § 315 Abs. 3 Satz 2 BGB. geregelten Fall der Bestimmung einer Leistung nach billigem Ermessen durch Urteil hat im Falle des § 847 BGB. der Richterspruch keine rechtsbegründende Wirkung; er stellt hier wie in jedem anderen Falle des Schadensersatzes (z. B. § 249—251 BGB.) nur fest, was auch ohne Richterspruch rechtens ist. Damit ist aber die zu entscheidende Frage noch nicht beantwortet. Wer in strenger Anlehnung an den Wortlaut des § 847 BGB. davon ausgeht, daß dem Geschädigten im Zeitpunkt des schadenstiftenden Ereignisses eine Geldforderung erwachse, wird daraus einen erheblichen Beweisgrund dafür herleiten können, daß der Schmerzensgeldanspruch ein „primärer Geldanspruch" sei, der mit dem schadenstiftenden Ereignis entstehe und nach den §§ 13, 16 UmstG. im Verhältnis 10:1 umzustellen sei, wenn das Ereignis vor der Währungsreform liege (Krause BB. 1948 S. 424 ff.; Bergmann NJW. 1948 S. 405 ff.; Reinicke MDR. 1948 S. 194 ff. [196]; Gerlach VersW. 1948 S. 245 [246]; Bach ebenda S. 377; Morell VersW. 1949 S. 53; Kober ebenda S. 54; Jacobsohn BB. 1949 S. 25 ff. [26]; OLG. Celle MDR. 1949 S. 291 = Nds. Rpfl. 1949 S. 36 = Deutsche Rechtspr. 251 Bl. 29 B zu a; LG. Bayreuth VersW. 1948 S. 382; LG. München I VersW. 1949 S. 80; LG. Dortmund ebenda S. 165; LG. Münster ebenda S. 186 und die von Lindemann in VersW. 1949 S. 54 erwähnten Entscheidungen des LG. Hamburg und des OLG. Celle). Das Oberlandesgericht für Hessen, Kasseler Senat, versucht, die Wirkungen dieser Ansicht dadurch auszugleichen, daß es den Betrag in Reichsmark dem letzten überhöhten Preisspiegel vor der Währungsreform anpaßt (DRZ. 1948 S. 487 = Deutsche Rechtspr. 251 Bl. 29 zu b). Andere Vertreter dieser Meinung (z. B. Eick (MDR. 1948 S. 282 und Reinicke ebenda S. 321 ff. [326], auch OLG.

Celle a.a.O.) lassen die Möglichkeit offen, daß später akut werdende oder auf späteren Komplikationen beruhende Schäden in Deutscher Mark festzusetzen sein könnten. Das Oberlandesgericht Celle (NJW. 1949 S. 223 [224]) verweist besonders darauf, daß die Forderung vor der Währungsreform in Reichsmark hätte erfüllt werden können und daß auch eine in Reichsmark tatsächlich geleistete Zahlung in der Hand des Geschädigten abgewertet wäre. Die unbilligen Ergebnisse werden vielfach anerkannt (z. B. Morell, Bergmann und LG. Dortmund a.a.O.), es wird aber darin nur eine der zahlreichen Härtefolgen der Währungsreform gesehen, die hingenommen werden müßten.

Eine für den Geschädigten günstigere Meinung (Petersen MDR. 1949 S. 20 ff. [22]; Wedesweiler NJW. 1949 S. 44; Boehmer Beiheft 8 zur DRZ. 1949 S. 33 und SJZ. 1949 Sp. 315 ff.; OLG. Düsseldorf NJW. 1948 S. 657 = Deutsche Rechtspr. 251 Bl. 29 zu a) hält eine Zerlegung des Schmerzensgeldanspruchs für die Zeit vor und nach der Währungsreform für geboten; sie will den ersten Teil zunächst in Reichsmark berechnen und im Verhältnis 10:1 umstellen, den letzten aber von vornherein in Deutscher Mark berechnen. Boehmer a.a.O. begründet dies insbesondere damit, daß die Forderung zwar mit der Vollendung des zivilrechtlichen Tatbestandes entsteht und das Urteil nur den Umfang festsetzt, daß aber doch der Schade materiell zum Teil erst nach dem Zeitpunkt der Währungsreform eintritt. In der gleichen Linie liegt, soweit ersichtlich, die Meinung von Prölss (VersW. 1948 S. 334).

Auch für sonstige Schadensersatzansprüche, insbesondere für den Fall des Ersatzes der Naturalrestitution durch Geld im Falle der Unmöglichkeit der Herstellung in Natur (Hubernagel NJW. 1948 S. 409 ff.; Dickertmann NJW. 1949 S. 168, LG. Kiel MDR. 1949 S. 115) sowie für den Anspruch aus § 1300 BGB. (LG. Bochum JMBl. NordrhW. 1948 S. 225 = Deutsche Rechtspr. 251 Bl. 29 A zu b und LG. Göttingen Nds. Rpfl. 1948 S. 247) wird eine Umstellung 10:1 für richtig gehalten, für den Fall der Unmöglichkeit der Naturalherstellung jedenfalls dann, wenn diese schon vor dem Zeitpunkt der Währungsreform feststand. Würdinger (MDR. 1948 S. 230 ff. [231]) und Bruns (ebenda

S. 333 ff.) wollen diese Folgerung nur ziehen, wenn die Ersatzforderung auch der Höhe nach bereits feststand; Bruns fordert eine „Verfestigung" durch Vereinbarung oder (rechtskräftiges?) Urteil. Beide lassen aber die Frage unerörtert, ob die „Verfestigung" nicht wenigstens insoweit eintritt, als der Gläubiger an die einmal von ihm gestellte Forderung als Höchstgrenze gebunden ist. Auf gleicher Bahn liegt die Ansicht von von Caemmerer (SJZ. 1948 Sp. 497 ff. [508]).

Die Gegenmeinung (Duden DRZ. 1948 S. 330 ff. [333]; Münzel ebenda S. 488; Boesebeck NJW. 1948 S. 509 ff., Spengler ebenda S. 643 ff. [645]; Hothorn NJW. 1949 S. 215, ein von Hothorn erwähntes Urteil des LG. Hanau und OLG. Neustadt DRZ. 1949 S. 185 mit zahlreichen Fundstellen sowie die in BB. 1949 S. 46 abgedruckte Stellungnahme des Büros für Währungsfragen, für den Fall der Naturalrestitution auch LG. Bremen MDR. 1949 S. 169) lehnt eine Anwendung des Umstellungsgesetzes überhaupt ab, sie will vielmehr nach der Währungsumstellung eine Festsetzung des Schmerzensgeldes nur noch unmittelbar in Deutscher Mark zulassen. Dabei wird zum Teil (z. B. von Spengler a.a.O.) auf den Charakter dieser Schuld als einer Wertschuld — im Gegensatz zur Geldschuld — hingewiesen, zum Teil darauf, daß das Geld hier nur Wertmesser, die Forderung also nicht „auf Zahlung einer Geldsumme gerichtet" sei (Boesebeck a.a.O.), im übrigen darauf, daß nach fester Rechtsprechung bei der Bemessung des Schmerzensgeldes von den zur Zeit der Urteilsfällung bekannten und für die Zukunft übersehbaren Verhältnissen auszugehen ist (Duden, Münzel, Hothorn a.a.O., OLG. Neustadt, LG. Hanau a.a.O.). Münzel a.a.O. bezeichnet die „Entstehung" der Forderung als reine Fiktion; er meint, es komme darauf an, wann der Schade eingetreten sei und wann die zu seiner Beseitigung erforderlichen Mittel aufgewendet seien.

3. Der vorstehend bezeichneten Gegenmeinung, auf der auch das Berufungsurteil beruht, schließt sich der Senat an, wenn auch den gegebenen Begründungen nicht überall gefolgt werden kann. Der Versuch, die Festsetzung unmittelbar in Deutscher Mark damit zu begründen, daß zur Zeit der Währungsumstellung noch keine Geldforderung in bestimmter Höhe bestanden habe, daß

schließlich die Forderung zwar auf „Ersatz in Geld", aber doch nicht auf „Zahlung einer Geldsumme" gerichtet sei (Boesebeck NJW. 1948 S. 509 ff.), muß — wie Boehmer (Beiheft 8 zur DRZ. 1949 S. 33 Note 1 und S. 34 oben) mit Recht hervorhebt — ebenso wie die Ansicht von Bruns, daß der Anspruch mit dem Zeitpunkt des Unfalls zwar rechtlich entstanden sei, daß er sich aber noch nicht zu einem Geldanspruch „verfestigt" habe (MDR. 1948 S. 333 ff.) daran scheitern, daß § 13 UmstG. zur Anwendbarkeit des Umstellungssatzes 10:1 (§ 16 a.a.O.) nicht eine Reichsmarkforderung in bestimmter Höhe voraussetzt. Das Ergebnis erweist sich aber als gerechtfertigt, wenn man auf den inneren Zweck des Schmerzensgeldanspruchs zurückgeht. Wenn das Gesetz in § 847 BGB. von einer „billigen Entschädigung in Geld" spricht, so bringt es damit den Gedanken zum Ausdruck, daß keine Möglichkeit besteht, dem Verletzten seinen immateriellen Schaden wirklich zu ersetzen, also denjenigen Zustand herzustellen, der ohne das schadenstiftende Ereignis bestehen würde (§ 249 BGB.). Es ist auch nicht etwa daran gedacht, dem Geschädigten einen Ersatz für die Mehraufwendungen zu geben, die er etwa durch den Versuch zur Linderung der Schmerzen usw. hat, denn diese Mehraufwendungen gehören zu dem nach anderen Vorschriften zu ersetzenden Vermögensschaden. Es kann sich immer nur darum handeln, daß versucht werden soll, dem Verletzten für die erlittenen körperlichen oder seelischen Leiden einen — wenn auch unvollkommenen — inneren Ausgleich zu geben. Dabei ist es nicht von entscheidender Bedeutung, ob der Ausgleich unmittelbar darin gesehen wird, daß der Empfänger Freude über den Besitz des Geldes und die damit geschaffene Möglichkeit der Erfüllung drängender Verbindlichkeiten, der Anschaffung notwendiger Bedarfsgegenstände oder der Ansammlung von Ersparnissen empfindet — oder ob man mehr an den mittelbaren Ausgleich denkt, der in der Schaffung von Annehmlichkeiten oder Bequemlichkeiten oder in der Ermöglichung von Liebhabereien liegen kann. Entscheidend bleibt, daß dieser innere Ausgleich wirklich erfolgt und im Augenblick der Zahlung als solcher empfunden wird. Dieses Ziel kann aber nicht damit erreicht werden, daß man zunächst feststellt, welcher Betrag nach den Verhältnissen vor der Währungsreform in Reichsmark angemessen gewesen wäre, und daß man dann dem Verletzten einen abgewerteten Betrag in Deutscher Mark dafür gibt. Das kann auch dann nicht gelten (wie vielfach angenommen wird), wenn die Schmerzen schon vor der Währungsreform „abgeklungen" sind.

Auf diesem Gedanken beruht die ständige Rechtsprechung des Reichsgerichts, wonach die zur Zeit der Urteilsfällung bekannten Umstände bei der Festsetzung des Schmerzensgeldes berücksichtigt werden müssen. Es kann nicht bezweifelt werden, daß dieser Grundsatz auch dazu führt, solche Umstände zu berücksichtigen, die in der Zeit zwischen dem Schadensereignis und der letzten Tatsachenverhandlung eingetreten sind, auch wenn sie mit dem Schadensereignis und seinen Folgen keinen Zusammenhang haben. Dabei macht es keinen Unterschied, ob es sich um Umstände in der Person eines der Beteiligten handelt (z. B. Änderung des Familienstandes oder der Vermögenslage durch unverschuldeten Vermögensverfall oder unerwarteten Zuwachs, Fortfall oder Gewinn einer Stellung oder einer Gewinnaussicht) oder um solche Umstände allgemeiner (z. B. politischer oder wirtschaftlicher) Art, die sich auch auf die Lage der Beteiligten auswirken. Zu diesen Umständen gehört folgerichtig auch die Währungsreform von 1948 mit allen ihren Nebenfolgen, insbesondere wirtschaftlicher und ernährungsmäßiger Art. Wer heute diese Entwicklung bei Festsetzung einer „billigen", d. h. einer angemessenen Summe außer Betracht ließe, würde in der Gefahr sein, sich im völlig „luftleeren Raum" zu bewegen, und er würde, was vielfach übersehen wird, unter Umständen auch zu Ergebnissen kommen, die für den Schädiger eine schwere Unbilligkeit bedeuten können. Die Möglichkeit, daß der Schädiger infolge der Währungsreform seine Stellung und seine Ersparnisse völlig verloren haben könnte und daß deshalb die Zahlung eines Betrages in Deutscher Mark für ihn eine weit schwerere Belastung darstellen kann als die des zehnfachen Nennbetrages in Reichsmark, würde zu seinen Gunsten nicht berücksichtigt werden können.

Die vielfach aufgeworfene und auch bei äußerlicher Betrachtung naheliegende Frage, ob die Währungsgesetzgebung auf diesem Wege „ausgeschaltet" werden könne, ob sie vor dem Schmerzensgeldanspruch einen „Vorrang" habe oder ob für diesen Anspruch eine Ausnahme von den Vorschriften des Umstellungsgesetzes gerechtfertigt sei, kann bei einer solchen Betrachtungsweise nicht auftreten. Die Währungsgesetzgebung hat zwar den Anspruch auf Zahlung eines Geldbetrages bereits als solchen vorgefunden, und es ist auch zutreffend, daß das Umstellungsgesetz für seine Anwendbarkeit nicht einen Geldanspruch in einer bereits feststehenden Höhe voraussetzt. Auch wenn die Parteien noch streiten, z. B. über das Ergebnis einer verwickelten Bauabrechnung, handelt es sich um Ansprüche, die zwar nicht bestimmt, aber doch bestimmbar waren, ohne Rücksicht auf die Währungsreform. Wenn aber, wie hier, die Höhe des Anspruchs seiner Natur nach von den zur Zeit seiner Erfüllung vorliegenden Umständen abhängig ist, dann kann die Währungsreform nicht als ein Vorgang angesehen werden, der nachträglich auf den allein nach anderen Umständen zu berechnenden Anspruch einwirkt, sondern ihre Berücksichtigung ist die Voraussetzung für die richtige Ermittlung des Geldbetrages. Es mag dahingestellt bleiben, ob man das so gefundene Ergebnis auch mit dem Hinweis auf den Unterschied zwischen dem reinen „Geldbetragsanspruch" und dem vielfach abgelehnten „Geldwertanspruch" begründen kann.

Für die Richtigkeit dieses Ergebnisses spricht auch noch folgende Erwägung: Die Rechtsprechung hat allmählich die Möglichkeit entwickelt, das Schmerzensgeld in Form einer Rente zuzubilligen (zunächst OLG. Hamburg OLG. Bd. 34 S. 140, dann RG. Warn.Rspr. 1932 Nr. 177; 1935 Nr. 81, neuerlich insbesondere OLG. Neustadt DRZ. 1949 S. 185 ff.) und das Schrifttum ist dem gefolgt (z. B. RGRKomm. Anm. 5 zu § 847 BGB.). Der Grund hierfür mag darin liegen, daß diese Form auf dem Wege des § 323 ZPO. die Möglichkeit einer späteren Anpassung an veränderte Umstände bietet. Ist nun in einem vor der Währungsreform rechtskräftig gewordenen Urteil oder durch Vergleich eine solche Rente festgesetzt worden, so wäre diese nach § 18 Abs. 1 Nr. 1 UmstG. im Verhältnis 1:1 umzustellen. Daraus folgt, daß ein Gericht, das nach der Währungsreform eine solche Rente der Höhe nach festzusetzen hat, nicht entsprechend der hier abgelehnten

Meinung ein Zehntel desjenigen Betrages zusprechen kann, den es in Reichsmark zugebilligt haben würde. Hiermit wäre es aber nicht vereinbar, bei Zubilligung eines Kapitals nur deshalb eine Umstellung im Verhältnis 10:1 vorzunehmen, weil das Schmerzensgeld eine andere Form hat.

Der Senat verkennt nicht die Schwierigkeiten, die sich für den Schädiger daraus ergeben können, daß seine Haftpflichtversicherung nach den dafür gegebenen Sondervorschriften der Versicherungsordnung (Dritte Durchführungsverordnung zum Umstellungsgesetz) möglicherweise zur Deckung des Schadens nur im Verhältnis 10:1 herangezogen werden kann (hierüber vgl. LG. Hannover MDR. 1949 S. 295 = VersW. 1949 S. 164 = BB. 1949 S. 219). Das ist jedoch eine Folgerung, die sich aus der Abhängigkeit der Versicherungsleistung von der gezahlten Prämie ergibt. Eine solche Schwierigkeit kann für den gegen Haftpflicht versicherten Schädiger auch ohne Rücksicht auf die Währungsreform aus anderen Gründen entstehen, z. B. im Falle einer Unterversicherung oder einer Zahlungsunfähigkeit der Versicherungsgesellschaft.

Es ist weiterhin zuzugeben, daß auf diesem Wege noch keine für den Geschädigten günstige Lösung für die Fälle gefunden ist. in denen in der Zeit vor der Währungsreform Schmerzensgeldbeträge in Reichsmark zum Ausgleich dauernder nicht vermögensrechtlicher Schäden festgesetzt worden sind, die sich zum Teil erst nach der Währungsreform auswirken. Das gilt auch dann, wenn gegen eine solche Festsetzung ein Rechtsmittel eingelegt war, das nach der Währungsreform zurückgewiesen wird (vgl. OGHZ. Bd. 1 S. 156 ff. [159]). Das kann aber kein Hindernis bilden, wenigstens in solchen Fällen zu einer richtigen Festsetzung zu gelangen, wo dies noch möglich ist.

Bei der erneuten Verhandlung wird das Berufungsgericht die Höhe des Schmerzensgeldes also nach den Grundsätzen zu bemessen haben, wie sie im Berufungsurteil angewandt sind.

Druck W Girardet, Wuppertal

FSC
www.fsc.org
MIX
Papier | Fördert gute Waldnutzung
FSC® C083411

Kolibri 360 GmbH
Ferdinand-Jühlke-Straße 7
99095 Erfurt, Deutschland
produktsicherheit@kolibri360.de